図解

たった1分！

背が高くなる椎関節ストレッチ

カイロプラクティック・整体師
美容家
南 雅子
Masako Minami

大人になっても9割の人が背はまだ伸びる！

はじめに

成長期を過ぎたら背は伸びない、とあきらめてはいませんか？　ところが、じつは**「大人になっても、確実に背を高くすることができる」**のです。

背の高さは骨格で決まります。ただし、正しい骨格をキープしている人は1割もいないでしょう。9割の人が骨格に何らかの問題を抱えています。しかし、そ

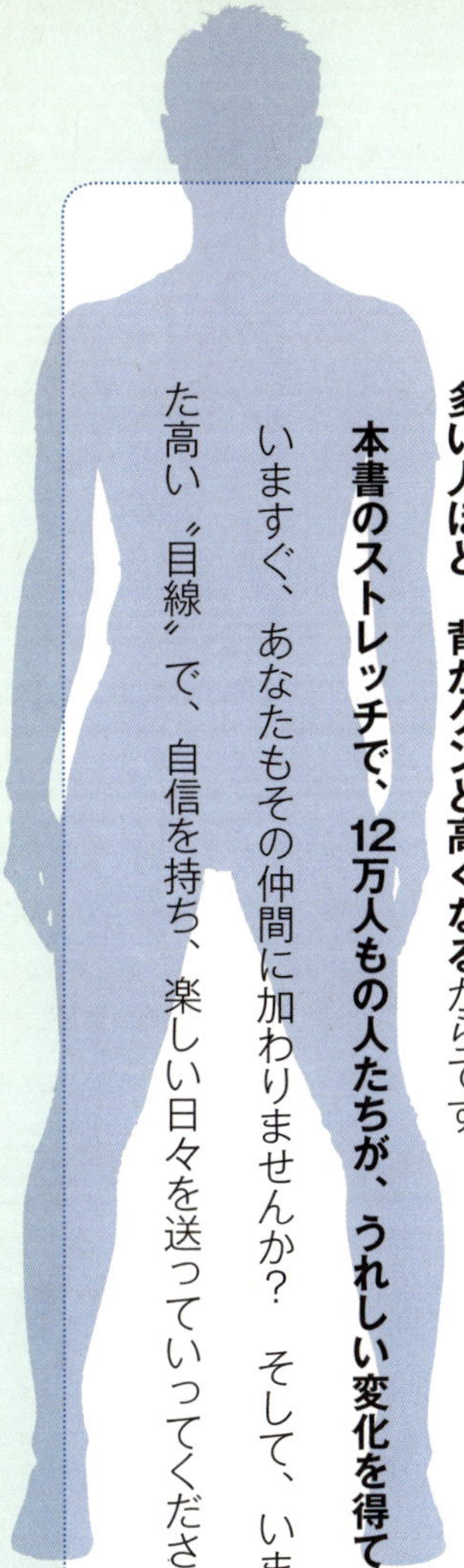

れは同時に背が高くなる確かな可能性を持っている、ということなのです。
身体には２００以上もの関節があります。詰まっているそれらの関節を正しく空けたら、背が高くなるのは、必然です。さらに、しなやかに伸びる抗重力筋を鍛え、正しく空けた関節をキープすれば、背は本来の高さであり続けます。

あなたの背は、本来もっと、高いのです。

本書で紹介するストレッチによって、２㎝以上背が高くなります。なかには10㎝も高くなった人が実際にいるのです。

猫背である、お腹が出ている、がに股だ……誰しも身体に何らかの悩みを持っていることでしょう。でも、悲観などしないでください。なぜなら、**問題箇所が多い人ほど、背がグンと高くなる**からです。

本書のストレッチで、12万人もの人たちが、うれしい変化を得ています。

いますぐ、あなたもその仲間に加わりませんか？　そして、いままでとは違った高い〝目線〟で、自信を持ち、楽しい日々を送っていってください。

目次

第3章

背が高くなる椎関節ストレッチ

第4章

背が高くなるしくみ

第5章

背が高くなる食事法・習慣

撮影／石田健一
イラスト／大久保秀祐
デザイン／石松経章（Keisyo事務所）
モデル／高丸ヨシハル（グランディア）
編集協力／コアワークス
衣装協力／ナイキジャパン

第1章

あなたの背はもっと高い

なぜ9割の人が背が高くなるのか？

30代からでも2cm以上、10cm高くなった人も！

「20歳を過ぎたら身長は伸びない」そんな"常識"を打ち破りたいと思います。たしかに20歳を過ぎると成長ホルモンの分泌がストップし、骨の成長はあまり期待できません。ですが、だからといって背が伸びないわけではない。**わたしが考案した「背が高くなる」プログラムは、まったく違う方向からアプローチするもの**だからです。

40年以上、健康でバランスのとれた身体づくりをテーマに研究してきました。そして、現在指導しているストレッチを1つずつ開発しプログラムとして組み立ててきたわけですが、その実践によって明らかになったのは、**引き締まった健康的なボディを手に入れた人は、みな背が高くなる**という事実。平均で2cm以上、なかには10cm以上も。身体づ

くりが、そのまま背を高くすることにつながっていたのです。

思ったより「あなたの背は高い」

まず、ひとつ断っておきたいことがあります。それは、**八頭身のボディバランスの人には、このプログラムは効果がない**ということ。でも、**ボディバランスに問題がなく、遺伝子どおりの身長になっている人は、ほんとうに少ない。**90％の人は猫背だったり、O脚だったり、お腹が出ていたり……どこかバランスが崩れています。それを正しく整えることで、背は確実に高くなるのです。

「問題点」に思えることこそが、背が高くなるたしかな「可能性」です。90％の人は「背が高くなれる人」なのです。

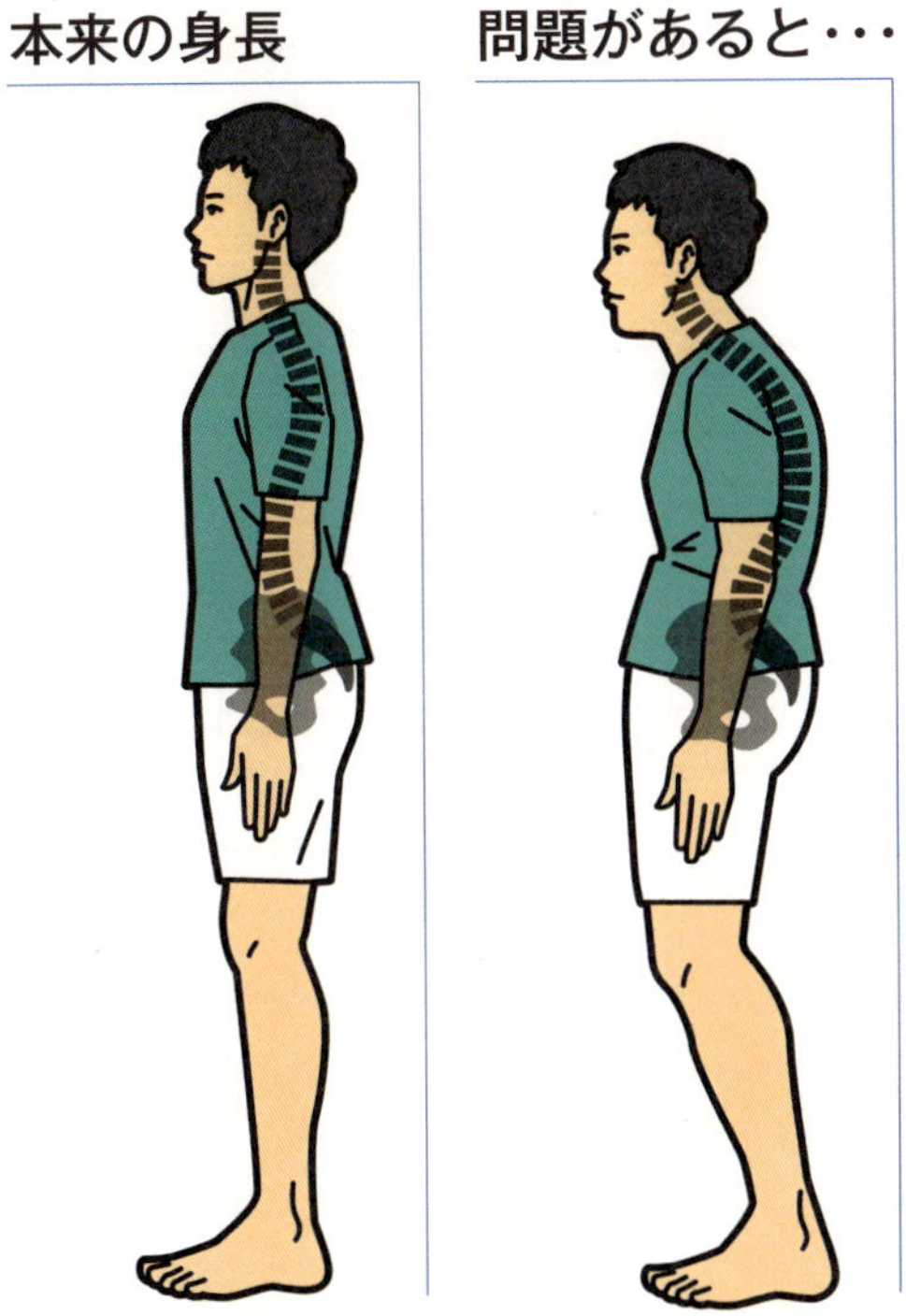

重要なのは骨格——
ボディバランスが整えば背が伸びる！

身長が高くなれば、必ず身体が引き締まる

背が高くなるということはボディバランスが整うということです。そして、ボディバランスが整うか崩れるかの**カギを握るのが骨格**です。

11ページのイラストを見てください。右の人と左の人、背の高さが違う一番の原因は何か。そう、**背骨のS字カーブの前傾**です。ここはとても大切なポイントです。

首や背中、腰の筋肉は重い頭を支えています。S字カーブが前傾すると、重い頭を支えるために硬く厚い余分な筋肉がつきます。この余分に発達した筋肉が、血流を悪くさせ肩こりや首こりを誘発するだけでなく、縦に伸びる筋肉の力を阻害するのです。

ボディバランスが整えば、S字カーブの前傾が正しくなり、筋肉もしなやかに血流も

よくなって、身体が縦に伸びます。引き締まってくるのです。もちろん頑固な首こり・肩こりも解消されます。背骨や骨盤などの骨格にゆがみがなければ、本来の身長を誰もが取り戻します。身長が高くなることと身体が引き締まることはセットなのです。

首がスッと伸びた身体の持ち主は視野が広い

クリスティアーノ・ロナウド選手は、首がスッとまっすぐ伸びた体型をしています。

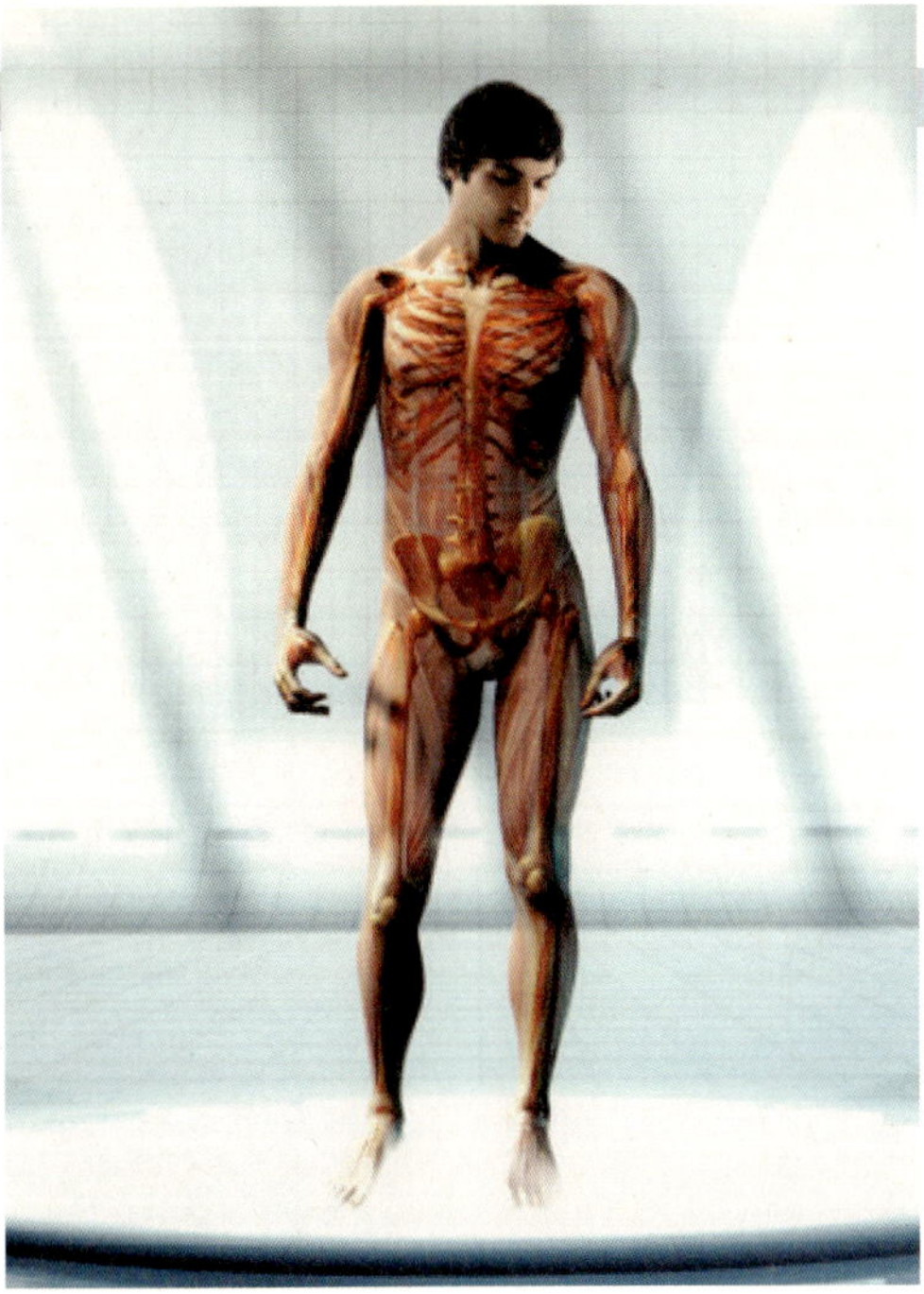

骨格的にいえば、背骨のS字カーブが浅く、骨盤が立っているのです。

S字カーブが浅いと視界が広くなります（S字カーブが深いと首が前に傾いて、視界は狭くなります）。広い視界で捉えられるから、正確なパスが出せるし、ゴールも狙うことができるのです。**クオリティの高いパフォーマンスの秘密**はここにあると考えられます。

椎関節って何？──

「身長伸ばし」のカギとなる関節

「椎関節《ついかんせつ》」は背骨の椎骨《ついこつ》をつなぐ関節です

「ところで椎関節ってどこ？」と思う方も多いでしょう。

椎関節とは背骨を構成している骨（椎骨）のあいだにある関節です。背骨は33個の椎骨が連なっていますが、それぞれの椎骨のあいだにあるのが椎関節なのです。この**椎関節によって椎骨同士がつながり、背骨はゆるやかなS字カーブ**を描いています。

ただし、背骨は上半身を支える働きをしているため、いつも大きな負担がかかっています。だから、椎関節は詰まりやすいんです。

椎関節をほぐすだけで3・2㎝背が高くなる

椎関節はどこにある？

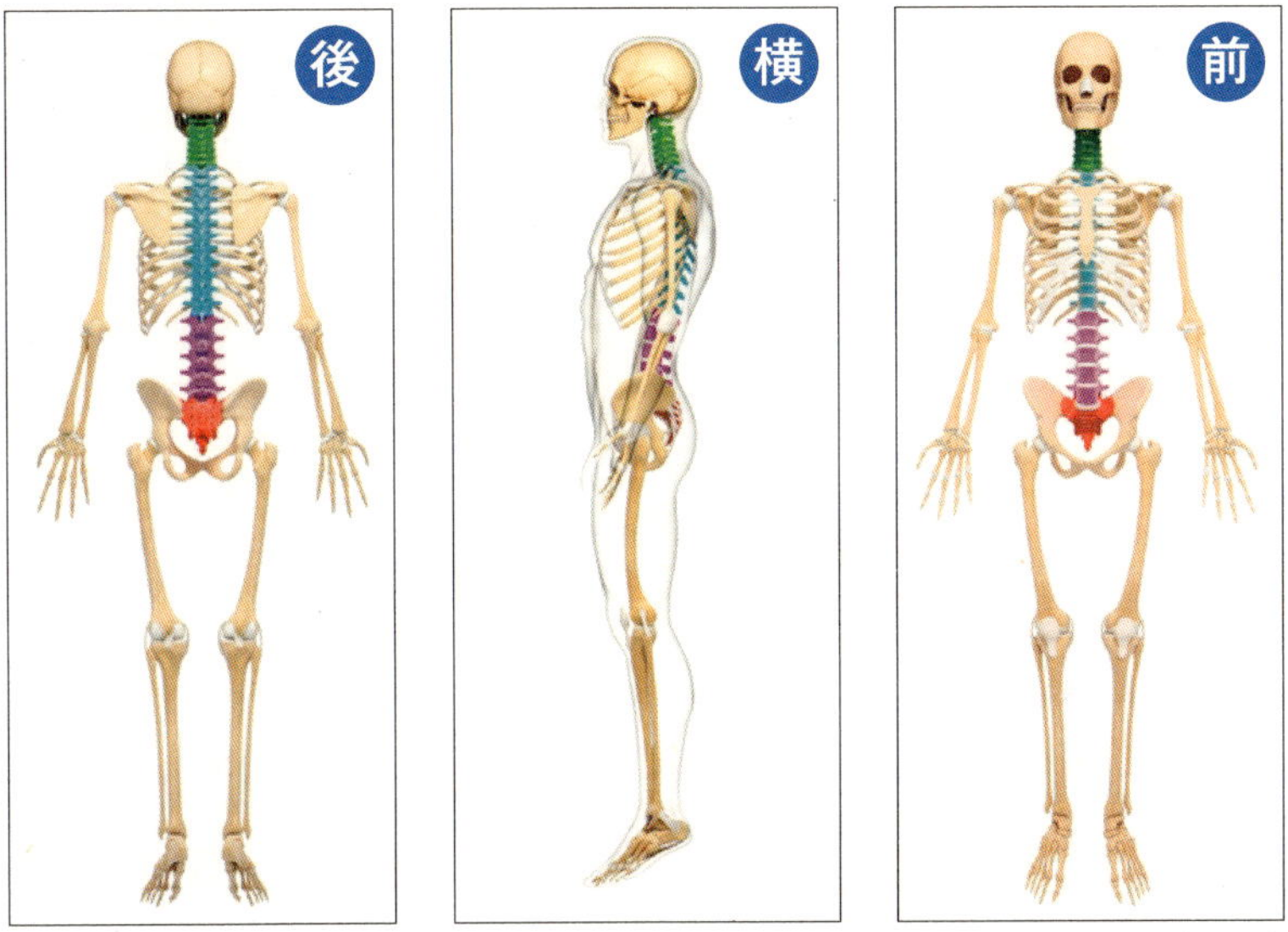

背骨は、頸椎（緑色部分）、胸椎（青色部分）、腰椎（紫色部分）、仙椎と尾椎（赤色部分）に分かれています。これらはすべて椎関節で連なっています。

本書のストレッチの**最大のポイントは、詰まっている関節をほぐし、筋肉をゆるめ、しなやかにしていくこと**です。これによって骨が正しく積み上がり、骨格が整うからです。そして関節のなかでも**もっとも重要な関節が椎関節**です。なぜなら**椎関節は32カ所もあるから**です。椎関節の詰まりを解消して正しい間隔に戻す。**32カ所ある椎関節のあいだが少しずつ広がるわけですから、そのぶん背が高くなります。**かりに**1㎜ずつ広がったら、3・2㎝高くなる**計算です。そう、椎関節をほぐしてあいだを広げるだけで、背が一気に高くなるのです。

200個以上ある関節の詰まりをほぐせば背が高くなるのは当然

身長を伸ばすための最大のポイントは「関節」

わたしたちの身体は200個以上の骨の組み合わせからできています。その**骨がどうつながっているかで、骨格が決まる**のです。骨と骨をつないでいるのが関節。関節の部分には腱と筋肉があって、それで骨同士がつながっています。これらは、関節の可動域が広く、そのまわりの筋肉や腱がしなやかでよく伸びる状態にあるのが理想的です。しかし、**関節が詰まったりゆがんだりすると、可動域が狭くなり、骨と骨の間隔も近づいてしまいます。それを防ごうとして、余分な硬い筋肉が発達する**のです。ですから、硬い筋肉をほぐしてしなやかな筋肉をつくり、詰まっている関節をゆるめて可動域を広げることが大切。そのためのストレッチ群が「背が高くなる」プログラムなんです。

関節はこうなっている！

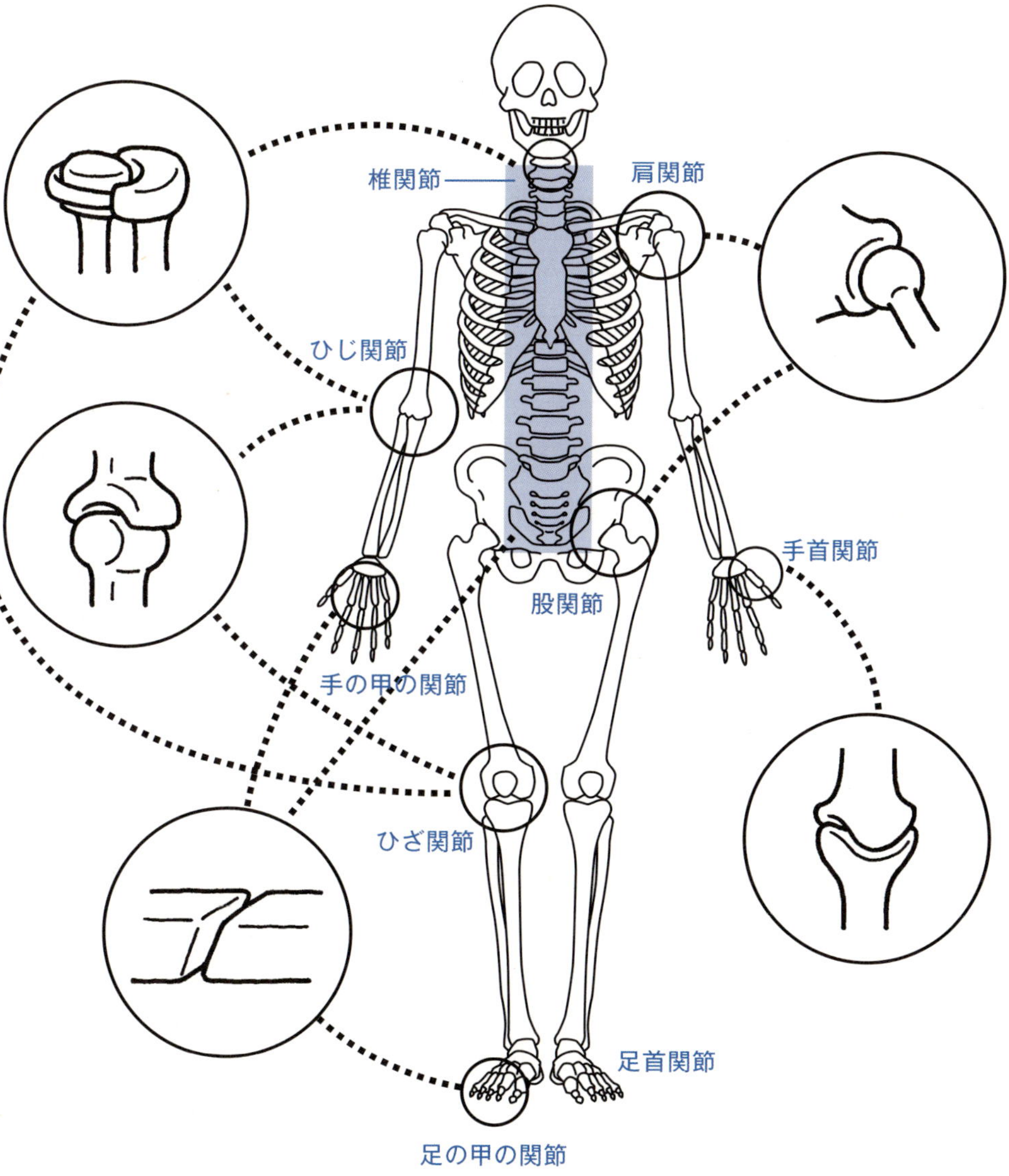
椎関節
肩関節
ひじ関節
手首関節
股関節
手の甲の関節
ひざ関節
足首関節
足の甲の関節

身長が伸びれば、お腹が凹む・脚長になる・小顔になる

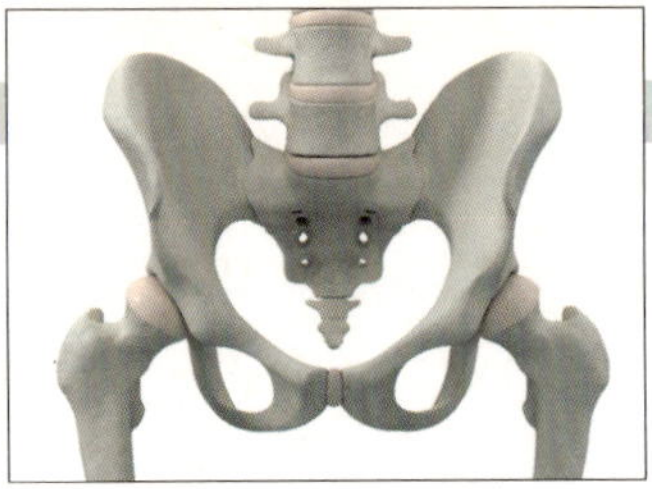

骨盤と背骨

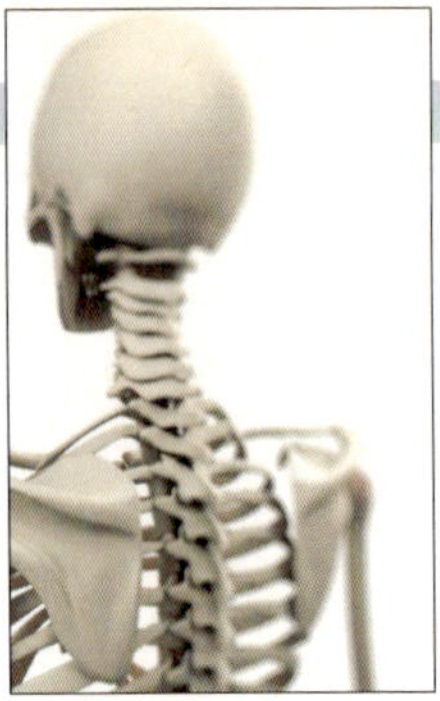

頭がい骨と背骨

肋骨《ろっこつ》と骨盤との距離が開いて、お腹が凹む

椎関節のあいだが詰まっていると、背骨を支えている脊椎起立筋《せきちゅうきりつきん》の働きも悪くなります。脊椎起立筋は、重力に対して姿勢を保とうとする抗重力筋。衰えると、肋骨が下がってきます。すると肋骨の下にある骨盤との距離が短くなってウエストが凹む余裕がなくなり、上半身の内臓も下がってきて、お腹がポッコリ出てしまうことになります。

背が高くなること＝顔が小さくなること

脊柱起立筋は首の後ろも通っていますから、ここに負担がかかると

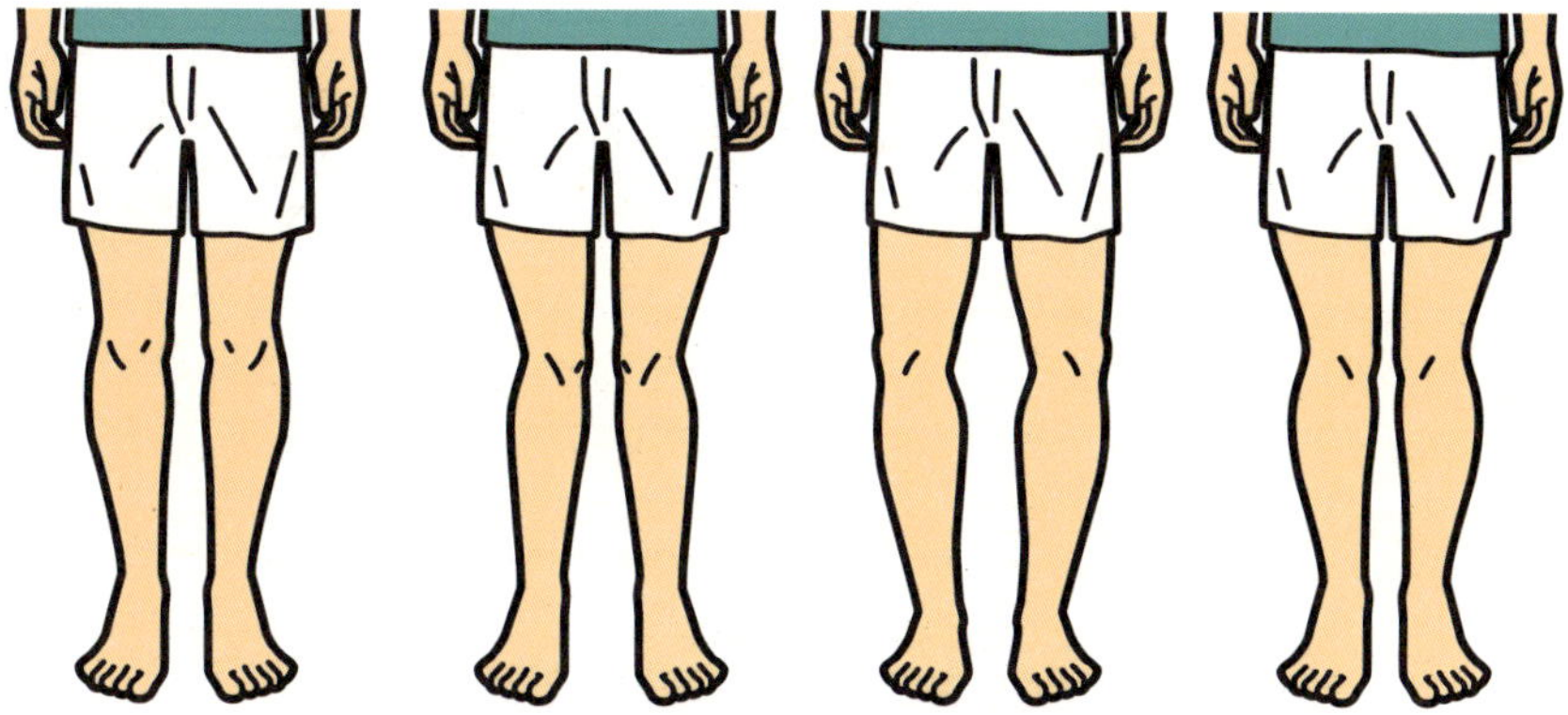

股関節がゆがむと大腿骨が斜めになり、
ひざ関節もゆがんで、×脚やO脚、×O脚になる。

首まわりの筋肉が硬くなり血液やリンパの流れも悪くなって、顔がむくんだりムダ肉がつく原因になります。**椎関節ストレッチで椎関節をほぐし抗重力筋を鍛えれば、肋骨が引き上がってお腹が凹み、頭がい骨が持ち上がって顔も小さくなる**のです。

脚のゆがみがとれて脚が長くなる

脚の骨は股関節を介して骨盤とつながっています。背骨と骨盤がゆがむと、大腿骨《だいたいこつ》やひざ下の脛骨《けいこつ》と腓骨《ひこつ》にバランスの崩れが生じます。ですから本書のストレッチで**背骨・骨盤を整えて、ゆがみがなくなると、脚がまっすぐに伸び長くなる**のです。

疲れ知らずのハイパフォーマンスな身体ができあがる

スッと伸びた身体はバテない、疲れない

椎骨や椎関節の周囲には自律神経が通っていて、内臓の働きをコントロールしていますから、内臓にも影響があります。たとえば、**胃の位置に対応する椎骨にズレがあったりすると、胃が不調**になります。**心臓、肝臓、腎臓、腸なども、ちょうどその位置にある椎骨の状態に左右されます**。ズレがあれば、その臓器の働きが悪くなるのです。椎関節を整えれば、内臓の働きも万全。胃腸の不調とも無縁の生活を送れます。

椎関節を整えると、筋肉のコリがとれ、血液の流れがよくなり、神経伝達もスムーズになります。酸素がたっぷり送られ、神経伝達がよくなった脳は、その機能を存分にはたし、頭が冴え渡り機転も利き、柔軟な発想もできるようになるでしょう。

第2章

椎関節をチェックする

「関節の詰まり」をチェックしよう

椎関節をチェックする

背骨が詰まっていると、椎関節が硬くなり動きが悪くなります。まずは身体を動かして椎関節の動きをチェックし、次に椎関節の曲がりやねじれ具合をチェックします。

土踏まずをチェックする

土踏まずのアーチがない人は、かかとから着地してつま先で蹴り出す「歩く」という基本動作がスムーズにできません。足の関節のやわらかさは、力をひざ関節へ、股関節へと伝え、上半身の正しいラインをつくりあげる重要なポイントです。

足首関節をチェックする

夕方になると脚がむくみやすい人は足首の関節も詰まりがちです。また、外反母趾《がいはんぼし》、巻き爪、魚の目、タコなどの足のトラブルや、靴ズレ、かかとのガサつき、足先の冷え、靴底の減りに偏りがある場合は、足首にストレッチが必要であることを示しています。

ひざ関節をチェックする

ひざの裏には重力に逆らう抗重力筋があります。ここが「く」の字に曲がっていると、足底からの力で身体の重みをしっかり支えられません。また、ひざ裏の筋力が弱くなると、歩くときに太もも前面を使うためここが太り、身長を縮めてしまいます。

股関節をチェックする

股関節は上半身と左右の脚のバランスをとる大切な場所。股関節がゆがんでズレると、骨盤が広がり仙骨（椎骨）が落ちて背が低くなったり、大腿骨が斜めになって脚が短くなったりするのです。O脚や下半身太りの人も股関節に問題があります。

Check-1

体を反らせて後ろの壁を見る

椎関節がよく動き、きちんと後ろ側に曲がるかどうか（後屈《こうくつ》）のチェックです。椎関節が硬くなっていると、後ろの壁が見えません。身体をうまく反らせることができないのです。

両脚を肩幅より広めに開いて、ひざを伸ばし、両手を腰に当てて立ちます。この姿勢で上体を反らしたとき、後ろの壁が見えますか？

Check-2

体を回して後ろの壁を見る

椎関節がよく動き、身体をひねることができるかどうか（回旋《かいせん》）のチェックです。左右どちらか一方でも見えない場合は、椎関節が硬くなっています。椎関節の回旋に左右差があるかどうかもわかります。

両脚を肩幅より広めに開いて、ひざを伸ばし、両手を腰に当てて立ちます。この姿勢で上半身を横に回して、後ろの壁が見えますか？　どちらのほうが回しにくいか、左右差もチェックしましょう。

体を横に倒して手をひざ下まで伸ばす

Check-3

椎関節がよく動き、身体を横に倒せるかどうか（側屈《そうくつ》）のチェックです。手がひざ下まで届かない場合は、椎関節が硬くなっています。骨盤の位置もズレている可能性があります。椎関節の側屈に左右差があるかどうかもわかります。

両脚を肩幅より広めに開いて、ひざを伸ばして立ちます。両腕は自然に下して、この姿勢から体を真横に倒したとき、手がひざの下まで届きますか？　どちらのほうが下までいかないか、左右差もチェックしましょう。

Check-4

体を前に倒して手を床につける

椎関節がよく動き、前に曲がるかどうか（前屈《ぜんくつ》）のチェックです。椎関節が硬いと手が床につきません。

両脚を肩幅より広めに開いて、ひざを伸ばして立ちます。この姿勢から前屈したとき、ひざを伸ばしたまま両手を床につけられますか？

Check-5

椎関節が詰まっていないか

頸椎《けいつい》、胸椎《きょうつい》、腰椎《ようつい》……どの部分の椎関節が詰まっているのかチェックします。

壁にかかととお尻と後頭部をつけて立ちます。顔は下を向かないようにまっすぐ正面に、ひざ裏は伸ばしましょう。

Check-5の診断結果

あなたはどのタイプ？

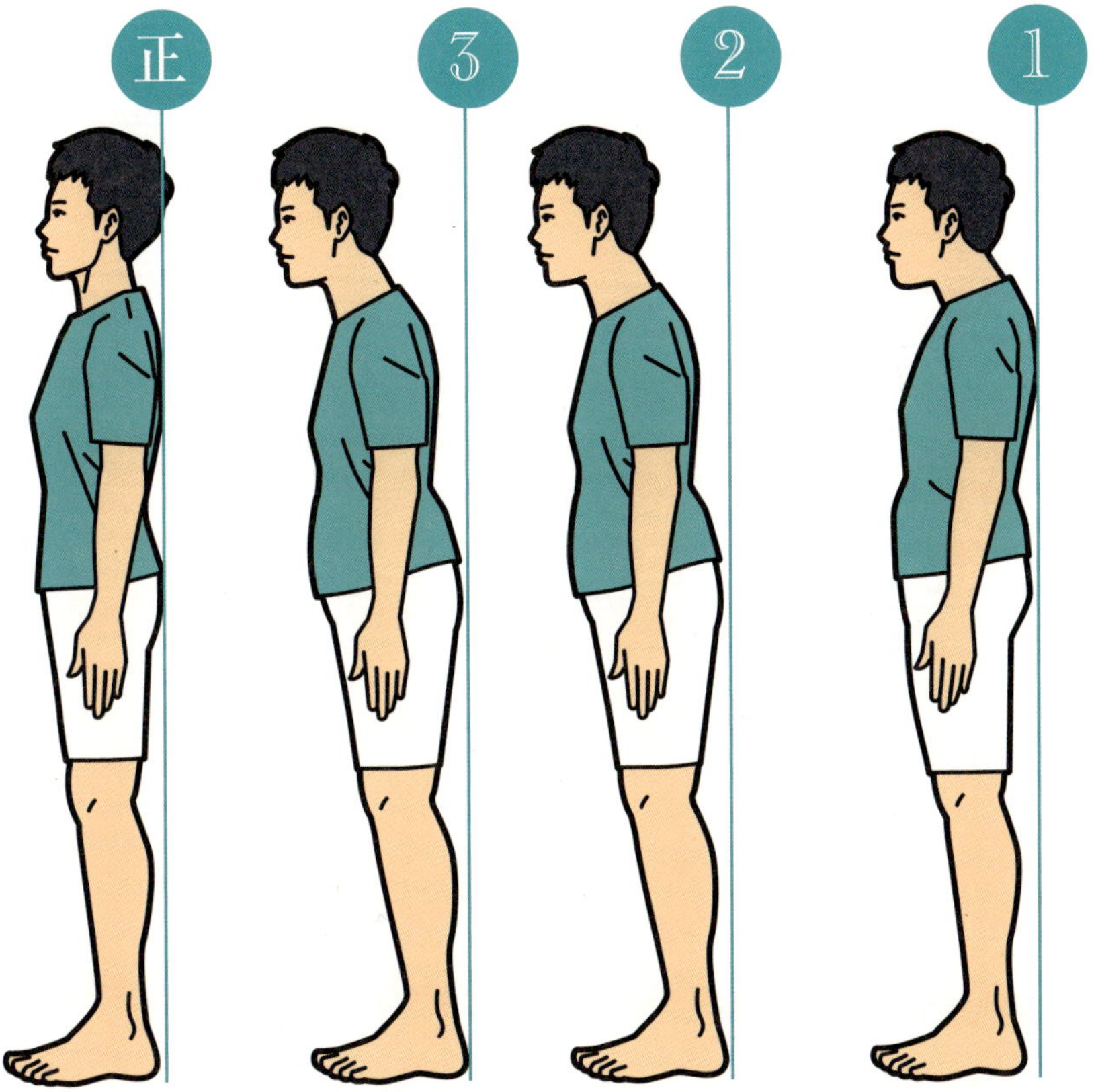

無理しなくてもかかとお尻と後頭部だけでなく、肩と背中、ふくらはぎもきちんと壁についている。目線も水平にまっすぐである。

腰詰まりタイプ

肩と背中の両方が壁につかない。後頭部を壁につけるときに目線が下がり気味になる。後頭部を壁につけると、かかとが壁から離れてしまう人もこのタイプ。

胃詰まりタイプ

背中はがんばれば壁につくが、がんばっても肩がつかない。後頭部を壁につけるときに目線が下がり気味になる。

首詰まりタイプ

背中の上側は壁につくが、肩はつかない。がんばって肩を壁につけると、身体が反って背中が壁から離れる。後頭部を壁につけるときに目線が下がり気味になる。

①

首詰まりタイプ

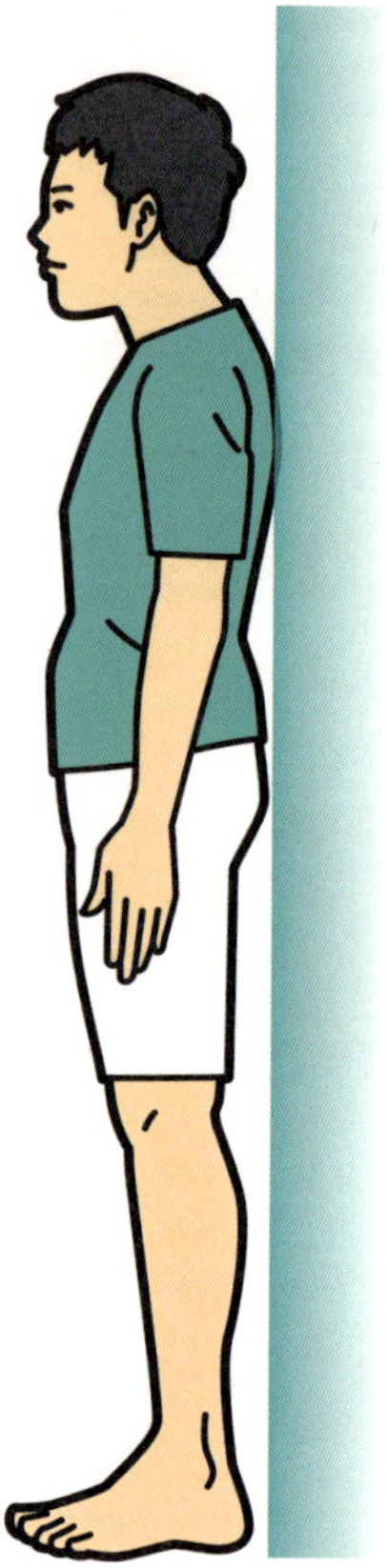

とくに詰まっているところ……

頸椎（けいつい）

お腹がポッコリと出ていて、胴が長め。椎関節のなかでもとくに首の頸椎の椎関節が詰まっているタイプです。よく頬杖をついたり、話を聞いているときに「うん、うん」とうなずいたり、横向きで寝るクセのある人は、頸椎の関節に問題が出やすいのです。肩こりや首こり、頭痛、鼻疾患などになりやすい傾向があります。肺の椎関節が詰まると気管支に悪影響が出ることも。

②

胃詰まりタイプ

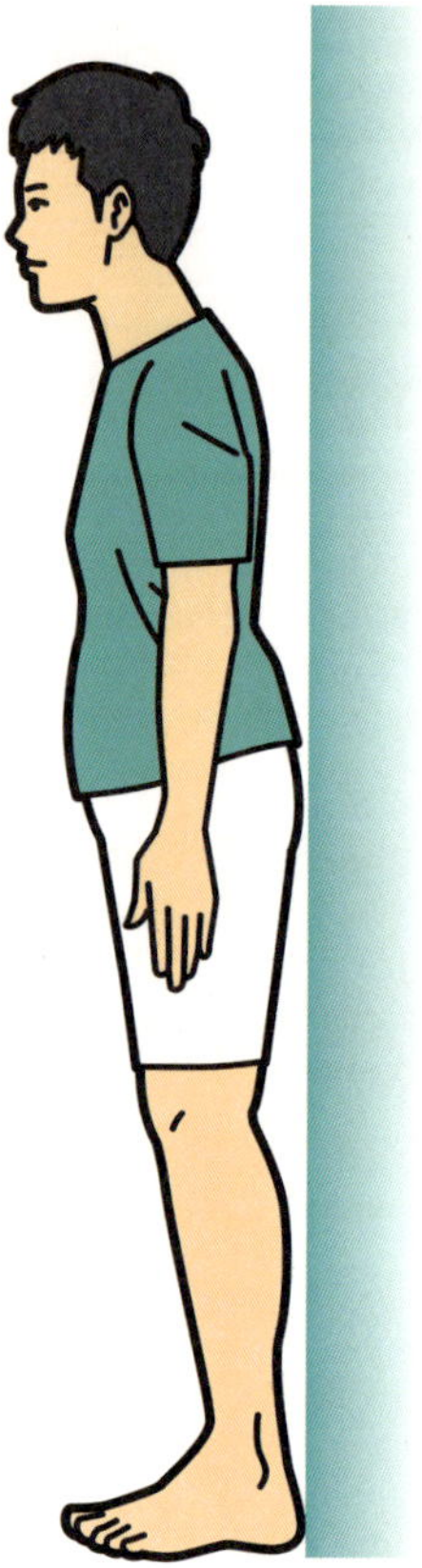

とくに詰まっているところ……

胸椎（きょうつい）

寸胴気味で、お腹が出ている、腰まわりや太ももが太い。椎関節のなかでも、とくに胃の裏あたりの胸椎が詰まっているタイプです。ひじをついたり、腕を組むクセがあったり、ゲームや携帯をよく見る、食欲旺盛でつい食べ過ぎてしまうという人は、胸椎の関節に問題が出やすいのです。胃潰瘍をはじめとする胃疾患、腎臓・肝臓疾患に注意が必要です。

正

詰まりがないと

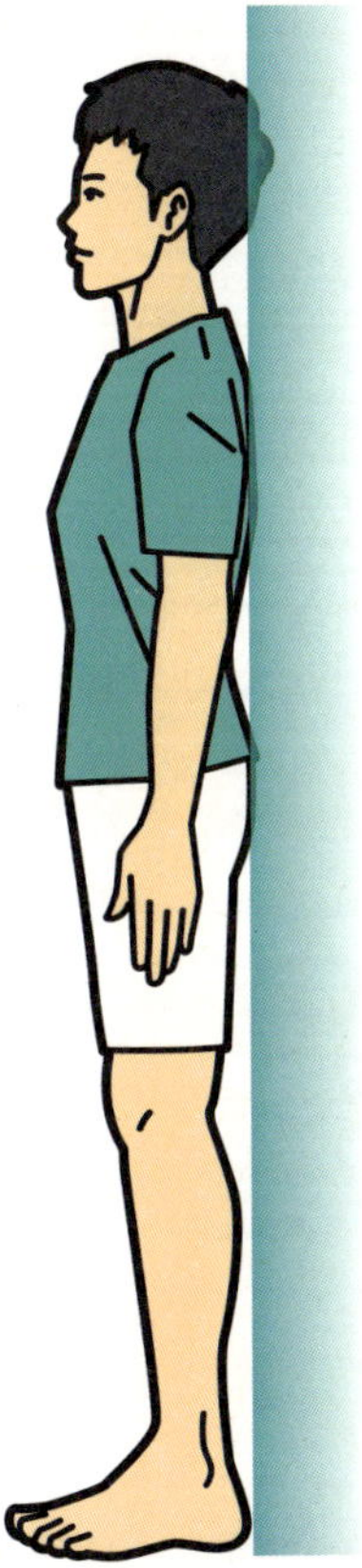

かかととお尻と後頭部を壁につけて立ったとき、無理しなくても肩と背中、ふくらはぎもきちんと壁につく人は、椎関節のＳ字カーブが正常で本来の遺伝子通りの身長である可能性が高い。これまで通り姿勢や生活習慣に注意するとともに、今後もその身長を保つためにストレッチを続けることがおすすめです。

3

腰詰まりタイプ

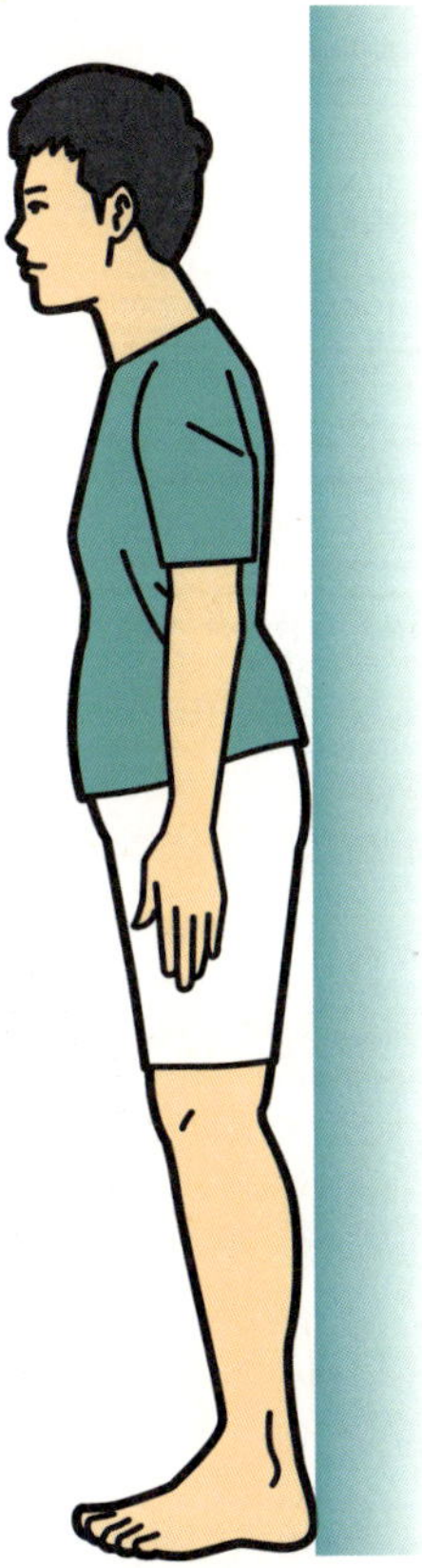

とくに詰まっているところ……

腰椎（ようつい）

下半身が太く、お尻が出ている〝出尻〟で身体が冷えやすい。こういう人は椎関節のなかでも、とくに腰の腰椎が詰まっているタイプです。背中を反らして立つクセがある、重い荷物を持つことが多い、長時間テレビを観るのが好きという人は、腰椎の関節に問題が出やすいのです。下痢や便秘など腸の調子が悪くなりがち。自律神経失調症が起こる可能性も。

Check-6

椎関節がねじれていないか

背骨の状態は、じつは顔のパーツの位置、肩の位置、腰骨の位置に現れます。当てはまる箇所にチェックを入れてください。正しい状態なら、すべての項目で「c」にチェックがつくはずです。

目の位置

- □ a 左が高い
- □ b 右が高い
- □ c 左右同じ

鼻の位置

- □ a 左の小鼻が高い
- □ b 右の小鼻が高い
- □ c 左右と同じ

口の位置

- □ a 左が高い
- □ b 右が高い
- □ c 左右同じ

肩の位置

- □ a 左が高い
- □ b 右が高い
- □ c 左右同じ

腰骨の位置

- □ a 左が高い
- □ b 右が高い
- □ c 左右同じ

Check-6の診断結果

〈傾き型〉

■左傾きタイプ

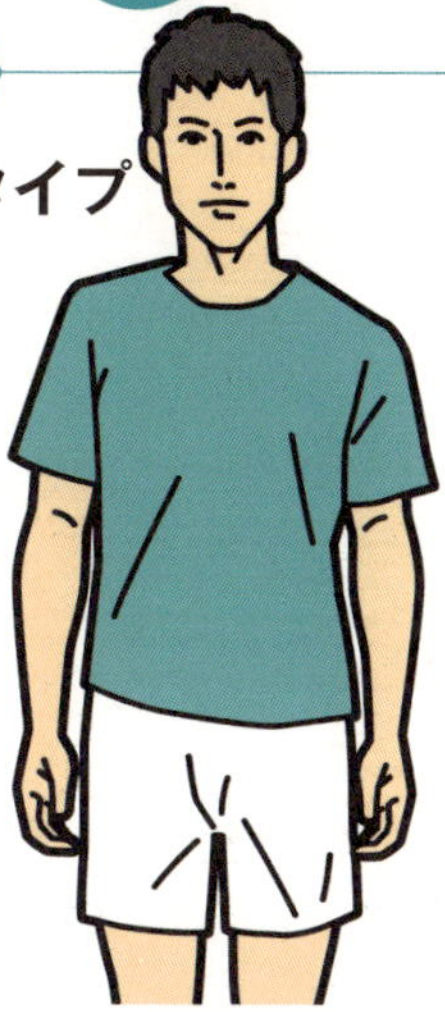

目の位置
☐a ☑b ☐c
鼻の位置
☐a ☑b ☐c
口の位置
☐a ☑b ☐c
肩の位置
☐a ☑b ☐c
腰の位置
☐a ☑b ☐c

■右傾きタイプ

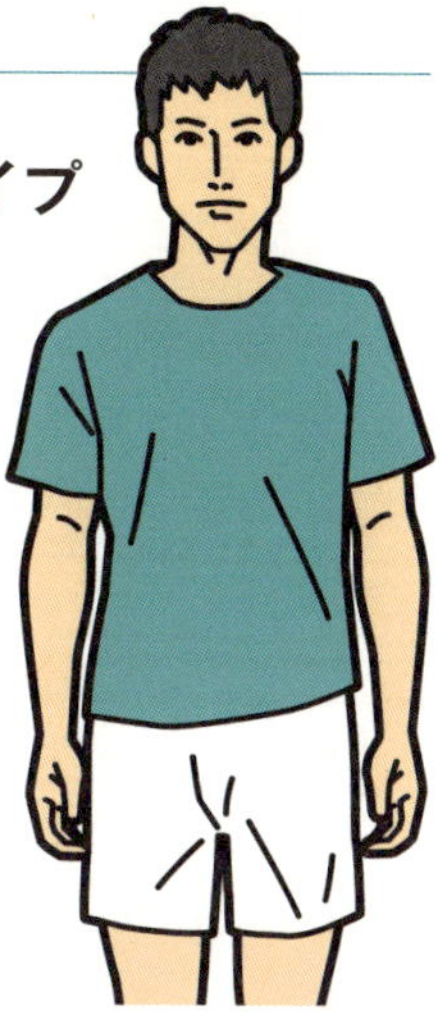

目の位置
☑a ☐b ☐c
鼻の位置
☑a ☐b ☐c
口の位置
☑a ☐b ☐c
肩の位置
☑a ☐b ☐c
腰の位置
☑a ☐b ☐c

目、小鼻、口、肩、腰骨どこも右が高い場合は、身体の左側が下がり気味の「左傾きタイプ」。逆にすべて左が高い場合は、身体の右側が下がり気味の「右傾きタイプ」。「傾き型」の人は背骨が２カ所で大きく歪んでいると考えられます。

〈ねじれ型〉

■左ねじれタイプ

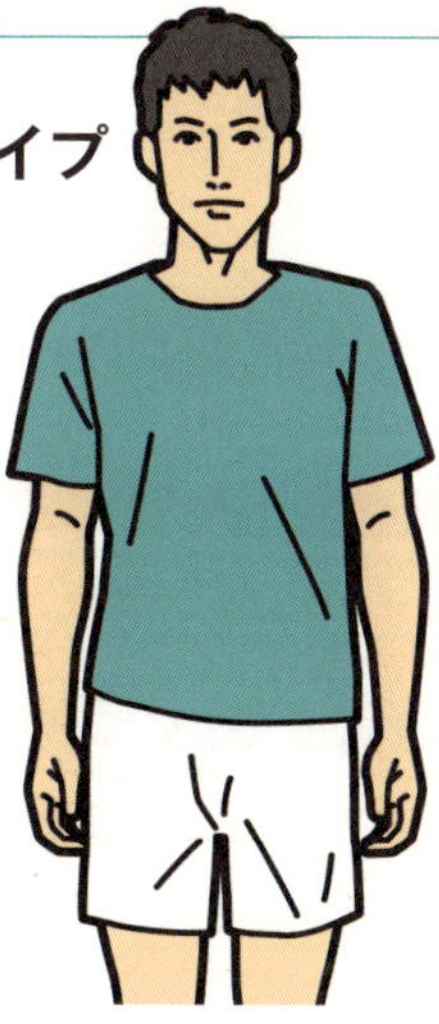

目の位置
☐a ☑b ☐c
鼻の位置
☑a ☐b ☐c
口の位置
☑a ☐b ☐c
肩の位置
☑a ☐b ☐c
腰の位置
☐a ☑b ☐c

■右ねじれタイプ

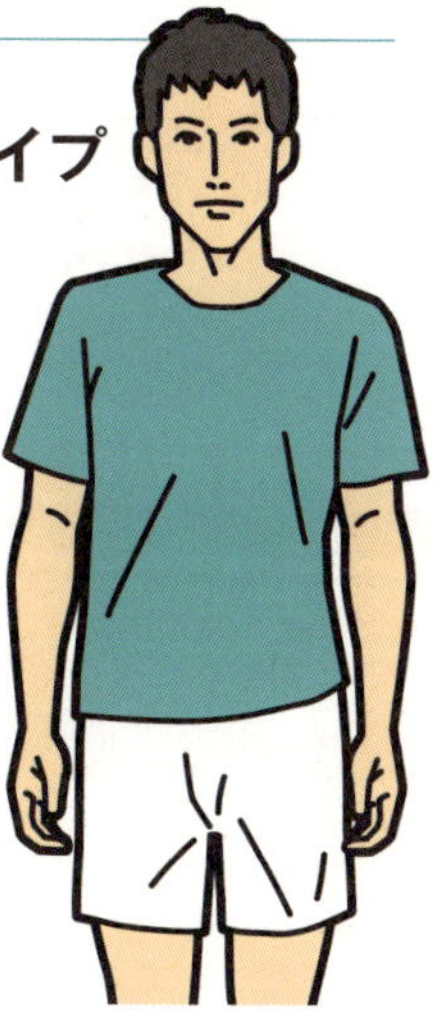

目の位置
☑a ☐b ☐c
鼻の位置
☐a ☑b ☐c
口の位置
☐a ☑b ☐c
肩の位置
☐a ☑b ☐c
腰の位置
☑a ☐b ☐c

目は右、口と小鼻は左が高く、肩は左、腰骨は右が高い場合は「左ねじれタイプ」。目は左、口と小鼻は右が高く、肩は右、腰骨は左が高い場合は「右ねじれタイプ」。「ねじれ型」の人は、椎関節がねじれているため各パーツの高さがバラバラになるのが特徴。背骨が３カ所で大きくズレていると考えられます。

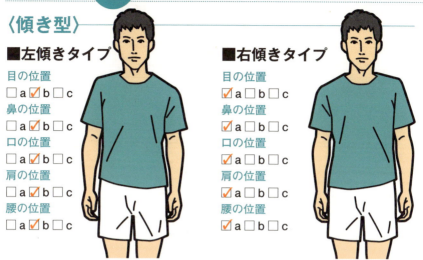

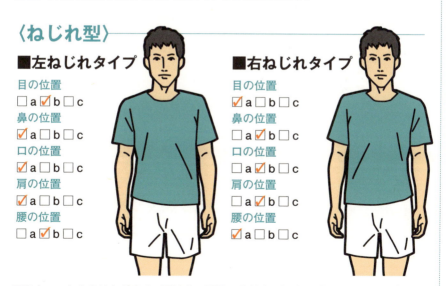

Check-7

土踏まずにアーチがあるか

身長を高く伸ばすのに、土踏まずにアーチがあるかどうかはとても重要です。ここでは、土踏まずにアーチがあるかどうかをチェックします。よくいう「偏平足《へんぺいそく》」の人は土踏まずにほとんどアーチがありません。

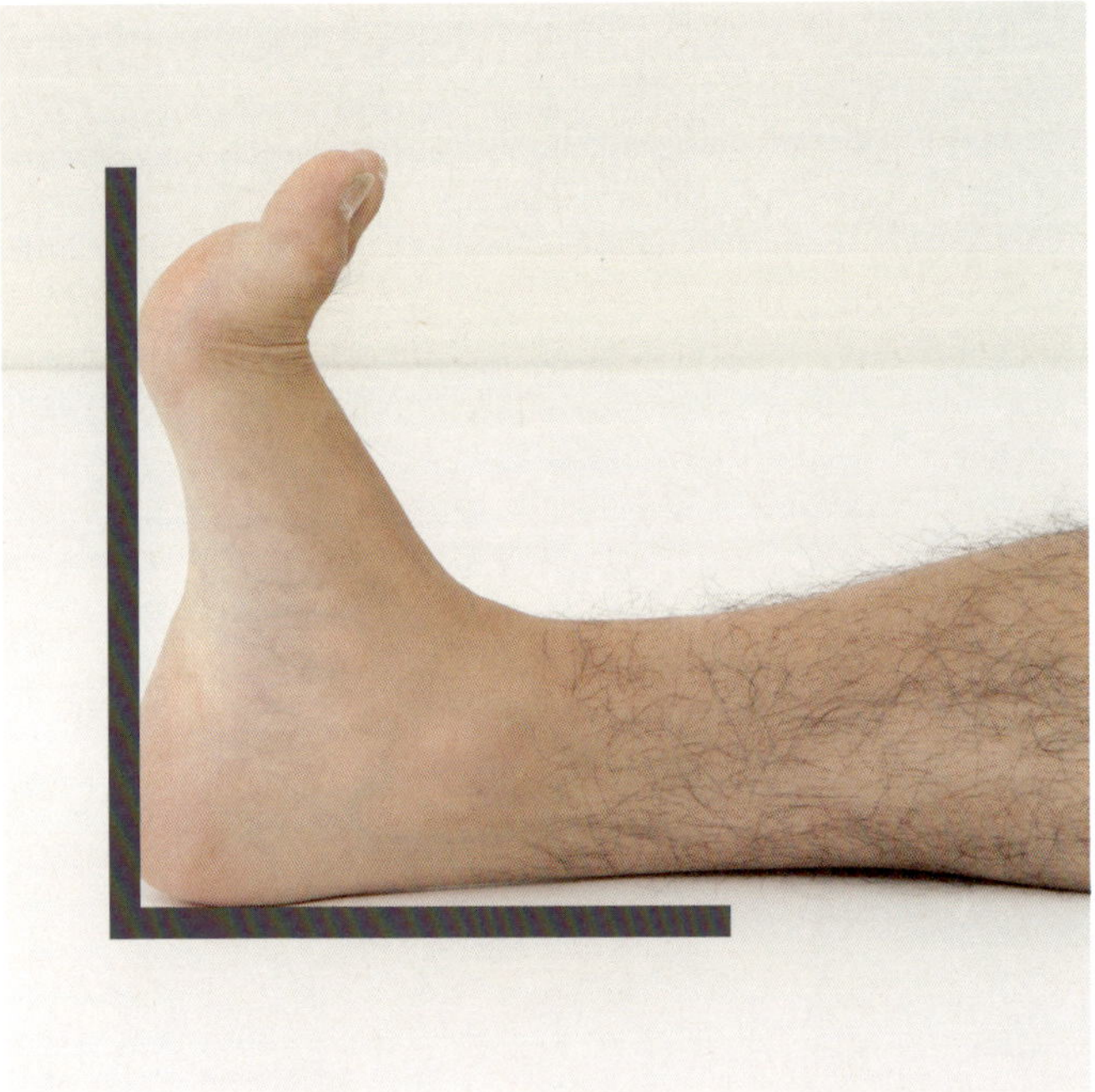

脚を伸ばして、足の裏をかかとからつま先まで壁にぴったりとつけます。足の指がまっすぐ上を向くようにしてください。次に指全体を壁から浮かせます。土踏まずの部分にアキがきちんとあればOKです。

Check-8

足首が柔軟に動くか

足首の関節をチェックします。足の指と足首を動かすことで、足首がどれくらい硬いのか実感できます。

□ チョキができるかどうか

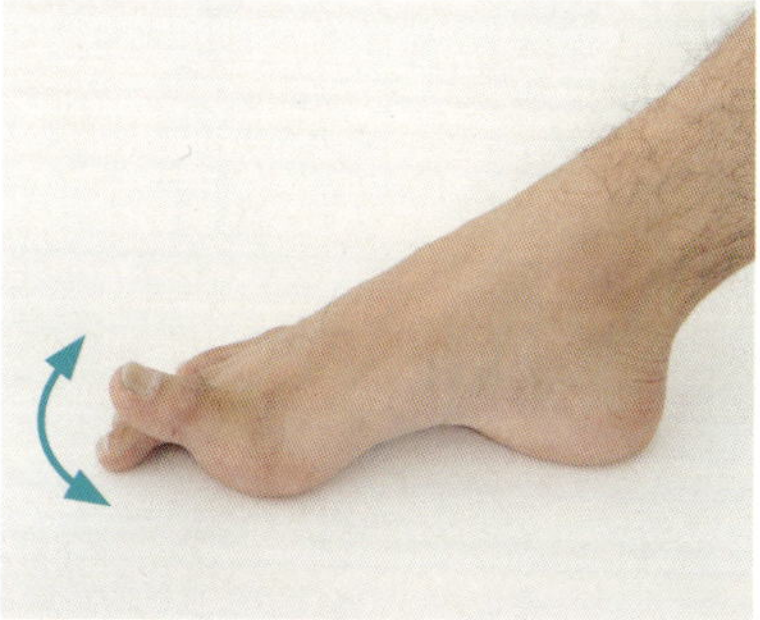

□ 逆チョキができるかどうか

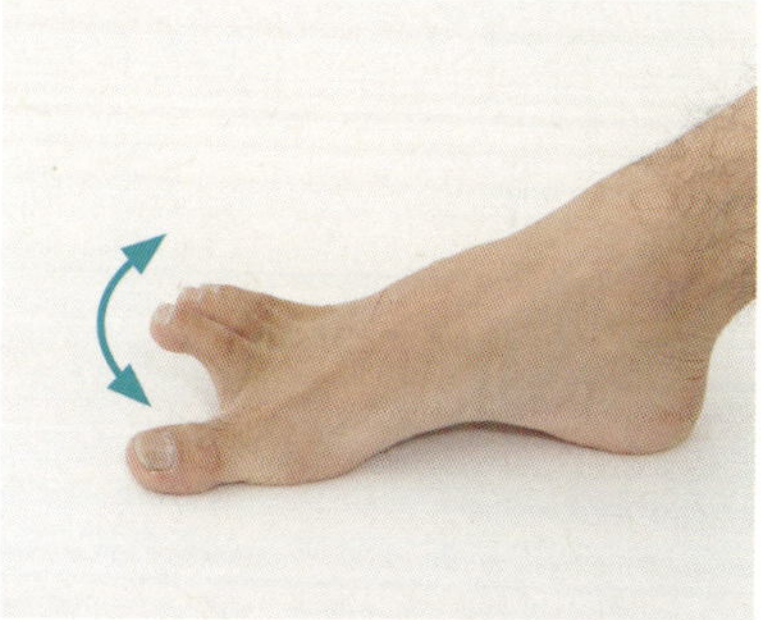

ひざを曲げてください。足のゆびでジャンケンのチョキをします。親指を上げて、他のゆびを下げてチョキ。親指を下げて、他の指を下げて逆チョキ。できなければ足首は硬いといえます。

□ つま先から甲まで水平に伸ばせるかどうか

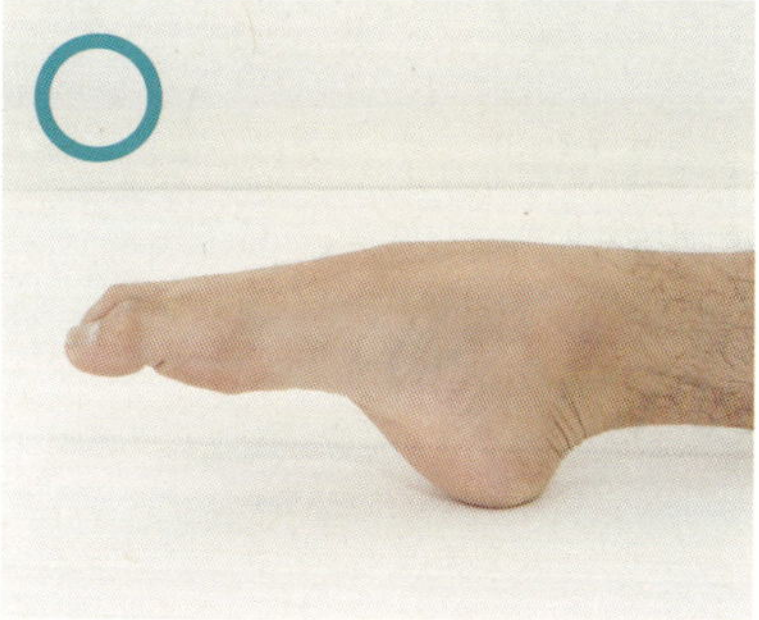

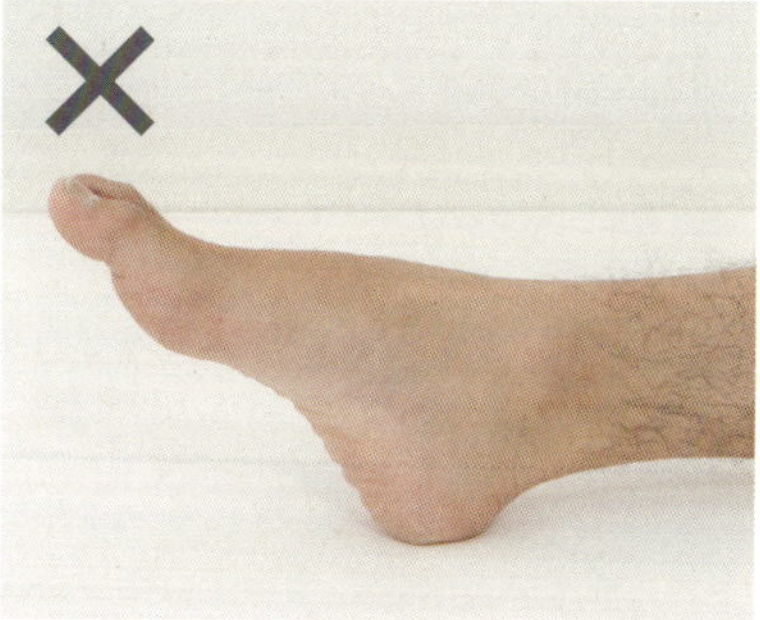

ひざの裏を床につけた状態で、甲からつま先までを水平に伸ばします。甲が床と水平でなかったり、ひざ裏が浮くようなら、足首が硬くなっている証拠といえます。

Check-9

ひざ裏が伸びているか

ひざが「く」の字に曲がっていないか、ひざ関節が柔軟かどうか、ひざ裏の〝硬さ〟をチェックしましょう。

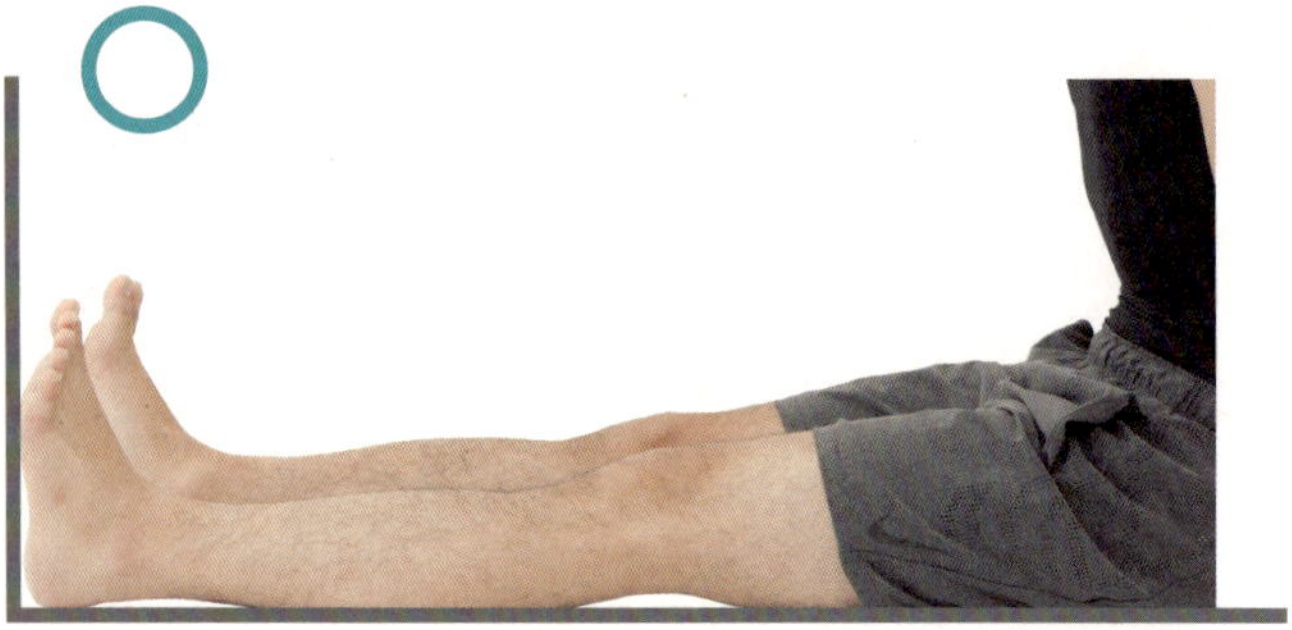

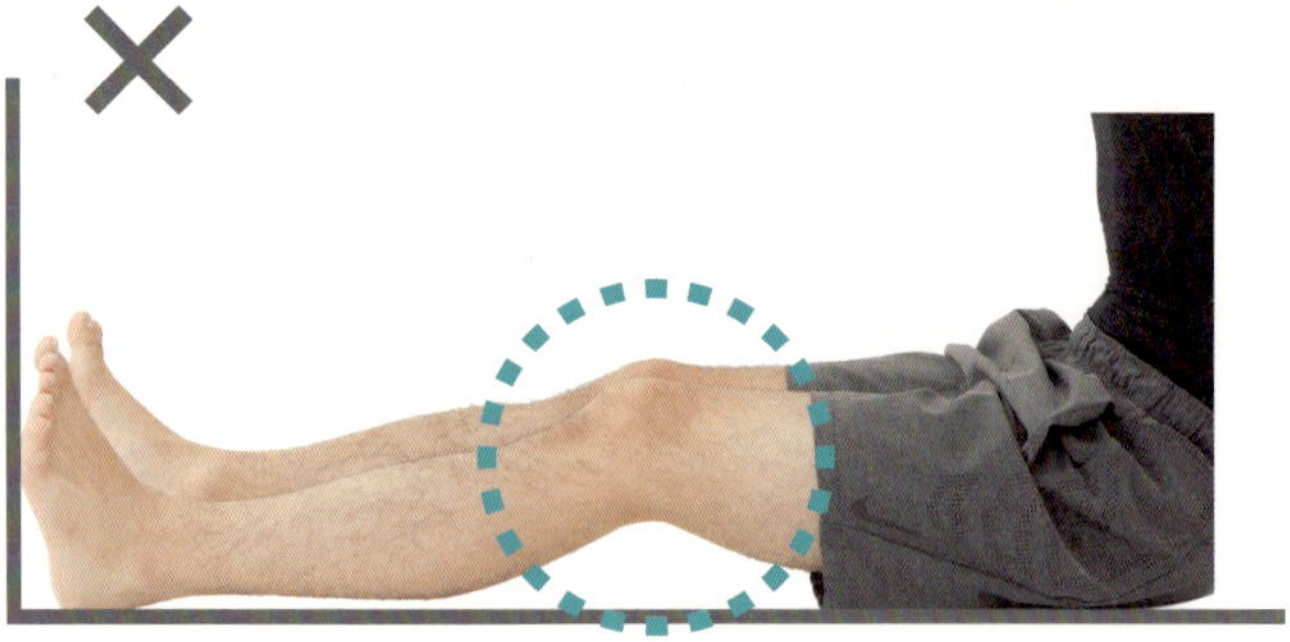

脚を投げ出して、足を壁にぴったりとつけ、長座の姿勢をとります。ひざ裏は床についていますか？　ひざ頭を上に向けてそろえたとき、ふくらはぎは左右からはみ出していませんか？　ひざ裏が床につかなかったり、ふくらはぎがはみ出していたらひざ裏の関節と筋肉は硬くなっています。

Check-10

股関節が硬くなっていないか

股関節が柔軟かどうか、左右差がないか、簡単な方法でチェックします。

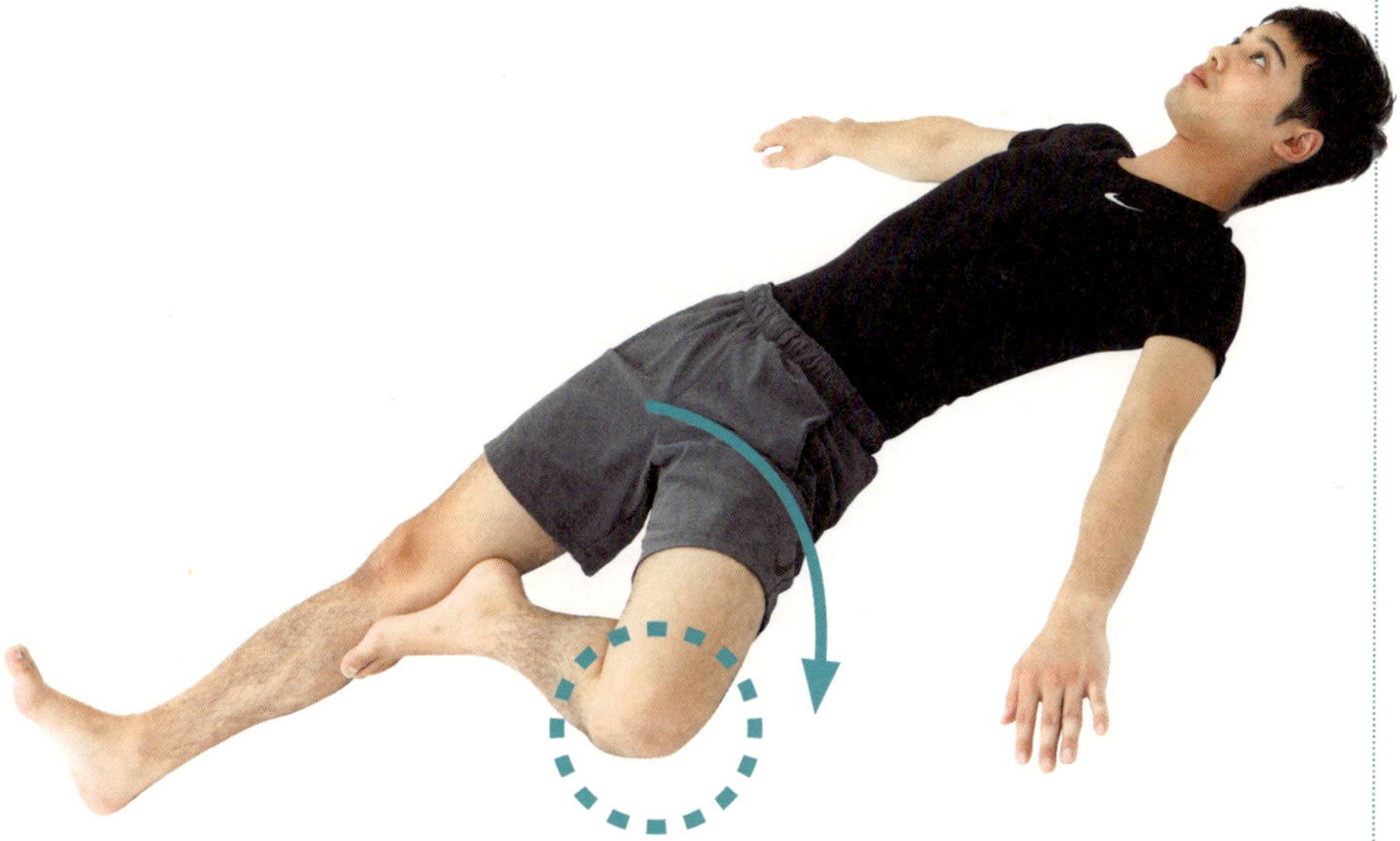

まずあお向けに寝ます。右側の股関節からチェックしましょう。右脚のひざを曲げ、できるだけ体に近づけたら、パタンと外側に脱力させるようにして倒します。脚が床につきますか？　つかない人が多いかと思いますが、それが硬い証拠です。左側もチェックして左右差を確認しておきましょう。

次のチェックに当てはまる人ほど

背が高くなる可能性大!!

これまでは、「関節の詰まり」を簡単な動作でチェックしてきましたが、日常のクセや見た目からもチェックすることはできます。下記の項目に当てはまれば当てはまるほど、関節が詰まっている証拠。ですが、そういう人ほど、ストレッチで詰まりをとれば、より背が高くなる可能性が高いということです。みなさんはどのくらい当てはまりますか？

- □ デスクワークが多い
- □ 居眠りをよくしてしまう
- □ お腹をもっと凹ませたい
- □ 下半身が太りやすい
- □ がに股、もしくはO脚ぎみである
- □ 肩こり・腰痛・目の疲れがある
- □ ジムでがっちり筋肉を鍛えている
- □ ストレスをためやすい
- □ 首があまりない
- □ 胃もたれしやすい
- □ スマホを見ている時間が多い
- □ 寝つきが悪い
- □ 冷え症である
- □ ついつい頑張りすぎてしまう
- □ 食べものの好き嫌いが激しい
- □ 脂性である

第3章

背が高くなる椎関節ストレッチ

ストレッチの基本は「椎関節をほぐす」意識を持つこと

1つのストレッチはたったの1分。それだけで十分効果がある

さあ**「背が高くなるストレッチ」を実践**していきましょう。

ご紹介するストレッチは16個。背が高くなるのですから、さぞかしハードなストレッチを思い浮かべている人も多いかもしれません。ところが、**やり方はシンプル**です。

もちろん、関節が詰まり、関節まわりの筋肉がしなやかさを失っているとしたら、ハードに感じるストレッチもあるかもしれませんが、ここは無理をせずにあせらず楽しくすすめてください。

ひとつのストレッチはいくつかのストレッチと連動しています。たとえば、土踏まず

にアーチをつくるストレッチは、足首をほぐすストレッチと連動して、ひざ裏の筋肉に刺激を与えます。ひざ裏の筋肉がしなやかになれば、この力が下から股関節・骨盤に伝わっていき、背骨の椎関節をほぐすことにつながっていくというわけです。

わたしたちの**身体はすべて「連なり」で構成されています**。第2章のチェックであなたはすでに、その連なりを滞《とどこお》らせている箇所がどこなのか、見えてきているはずです。たくさんのストレッチをご紹介していますから、最初から一度にやりきれるわけはないと思います。「今日は脚を中心にやる!」ということでも一向にかまわないのです。

ただ、目安としては「足回り」「腰回り」「背骨回り」と3分割して、区分ごとのエクササイズを通して行うのがベストです。そしてもうひとつ、ストレッチを行ううえでつねに意識していただきたいポイントがあります。それは、

――笑顔でお腹を引っ込めて、みぞおちを上げ、骨盤を立てて、首を上に伸ばす――

とにかく〝上に上げる〟ことを意識しながら行うことがポイントです。また、神経質になりすぎると身体が縮むため、笑顔も大切。左右で動きやすさが違う、前より楽になってきた……という体感を確認する習慣を積み重ねていってください。**ストレッチの目的は、椎関節がほぐれて背が高くなること**です。さあ、いよいよ実践していきましょう。

1 土踏まずストレッチ

足底の土踏まず（アーチ）を柔軟にして、抗重力筋を鍛えるストレッチです。ひざ裏を伸ばす効果もあります。

肩幅より少し広く脚を開き、両手は腰に当てて立ちます。足の外側ラインが平行になるようにし（若干内またぎみになります）、かかとに重心があることを確認します。お腹を引っ込めて、みぞおちを上げ、骨盤を立てて、まっすぐ前を向きます。

片方の足の指の腹を床にグッと押しつけてみぞおちを上げ、身体を上に伸ばしたら、かかとを上げます。これを５回繰り返します。

3

同じ足を前に出し、かかとをつけて、足を内から外にクルクルと５回、回します。

4

足をもとに戻し、その同じ足の指をグーに曲げ、足裏をしぼり、首を伸ばして身体を縦に伸ばします。

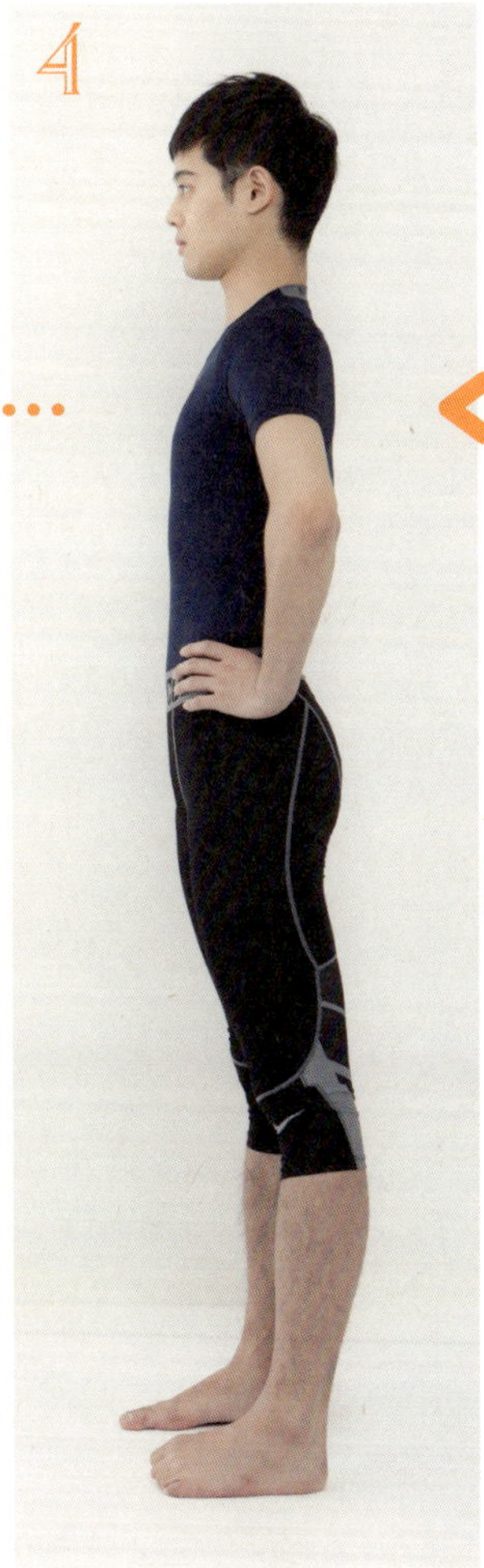

5

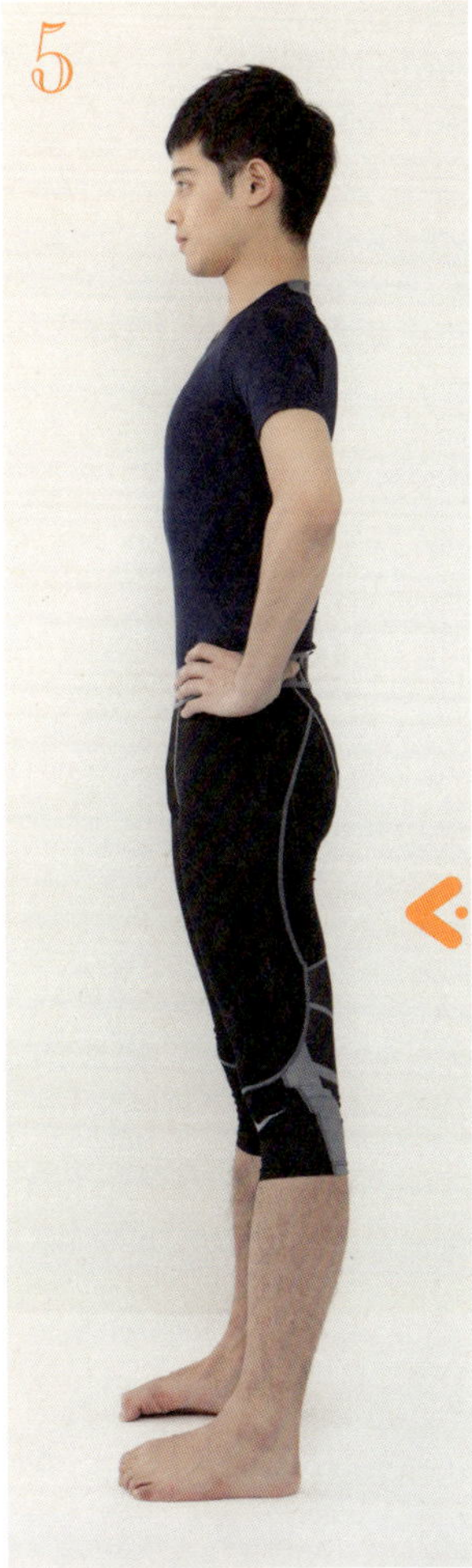

片方の脚も同様に行います（②～④）。最後に両足の指をグーに曲げ足裏をしぼり、みぞおちを上げ胸を高くして首を伸ばし、身体を縦に伸ばしたら、指を元に戻します。

2 首回しストレッチ

PART 1

「土踏まずストレッチ」の姿勢から連続して行い、足の指に集めていた意識を首の回転に切り替えます。首を回すと背中がピリピリッと動き椎関節への効果を感じられるはずです。

1

肩幅より少し広く脚を開き、両手は腰に当てて立ちます。足の外側ラインが平行になるようにし（若干内またぎみになります）、足の指を上げます。こうすることで、かかとに重心をおきやすくなります。お腹を引っ込めて、みぞおちを上げ、骨盤を立てて、まっすぐ前を向きます。

水平正面にあった目線を右へ移動させながら首だけを回し、真後ろに目線を向けていきます。ただし腰は回転させず、骨盤は正面に向いているようにしてください。

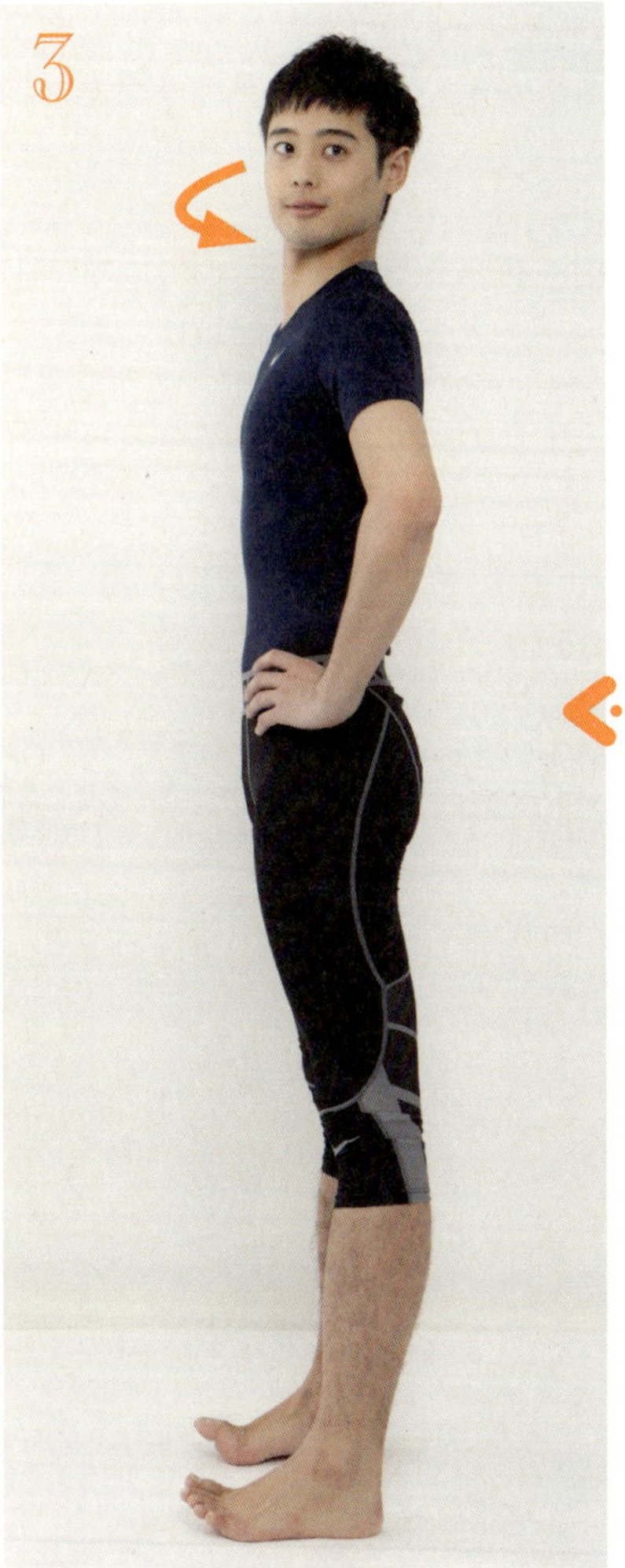

首を正面に戻します。目線はあくまで水平に、左側にも同様に首を回します。左右５回行います。首を後ろに回すことがきつい場合は無理せず、少しずつ行ってください。

首回りストレッチ

PART 2

寝て行う首回しです。かかとを壁につけて行うことで、首がグーンと伸びてきます。背を高くするのにとても効果的なストレッチです。

1　壁に足底をつけて、仰向きに寝ます。脚は腰幅程度に開き、足の外側のラインが平行になるようにします。

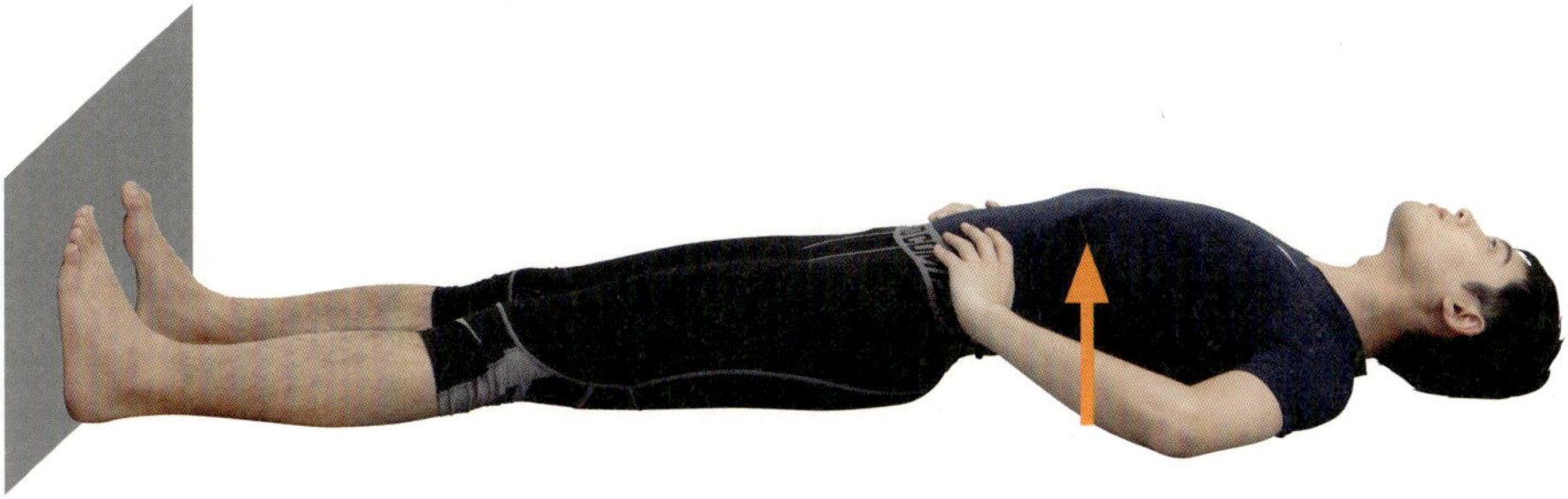

2 手は腰におき、壁をかかとで押しながら背中を反らせて浮かせます。

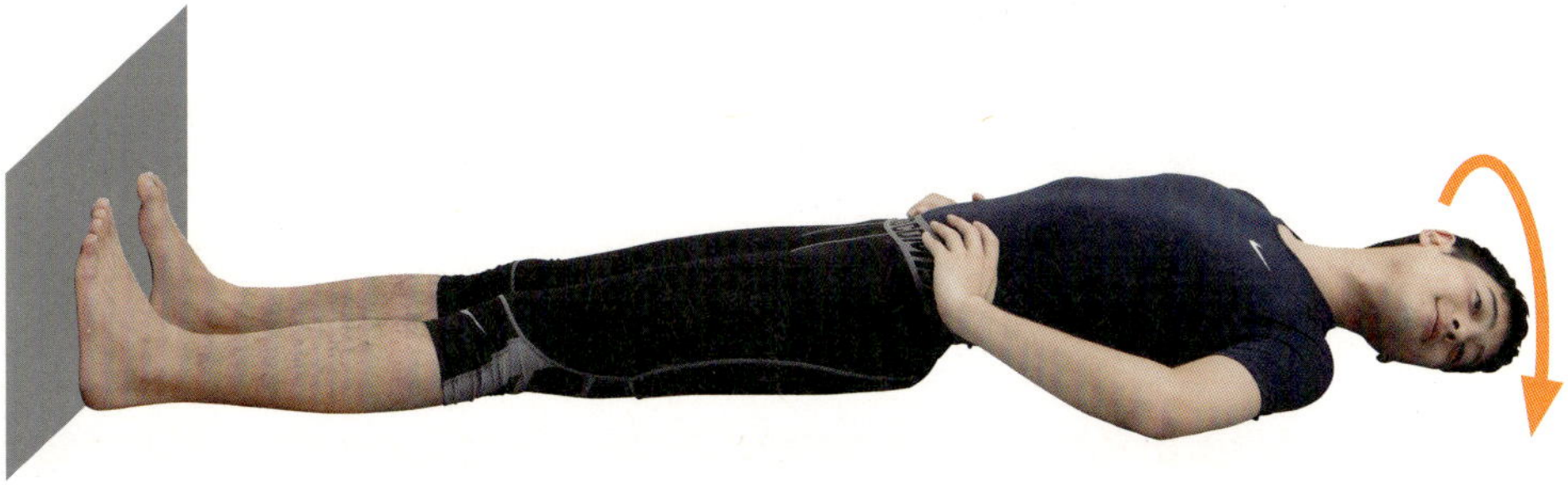

3 首を左に回し、左のこめかみを床につけます。次に首を右に回し、右のこめかみを床につけます。足底が壁から離れないように注意してください。ここまでを5回行います。

3 足首ストレッチ

足底の土踏まずにアーチがなく足首が硬いのは、関節が硬く身体の循環が悪い証拠。末端の滞りをほぐせば、身体全体へいい効果が及びます。

1 あお向けになり、両足を肩幅程度に開きます。両手は自然に体の横におき、手のひらを床につけます。足のかかとをよく伸ばし、足の指は天井を向くようにします。

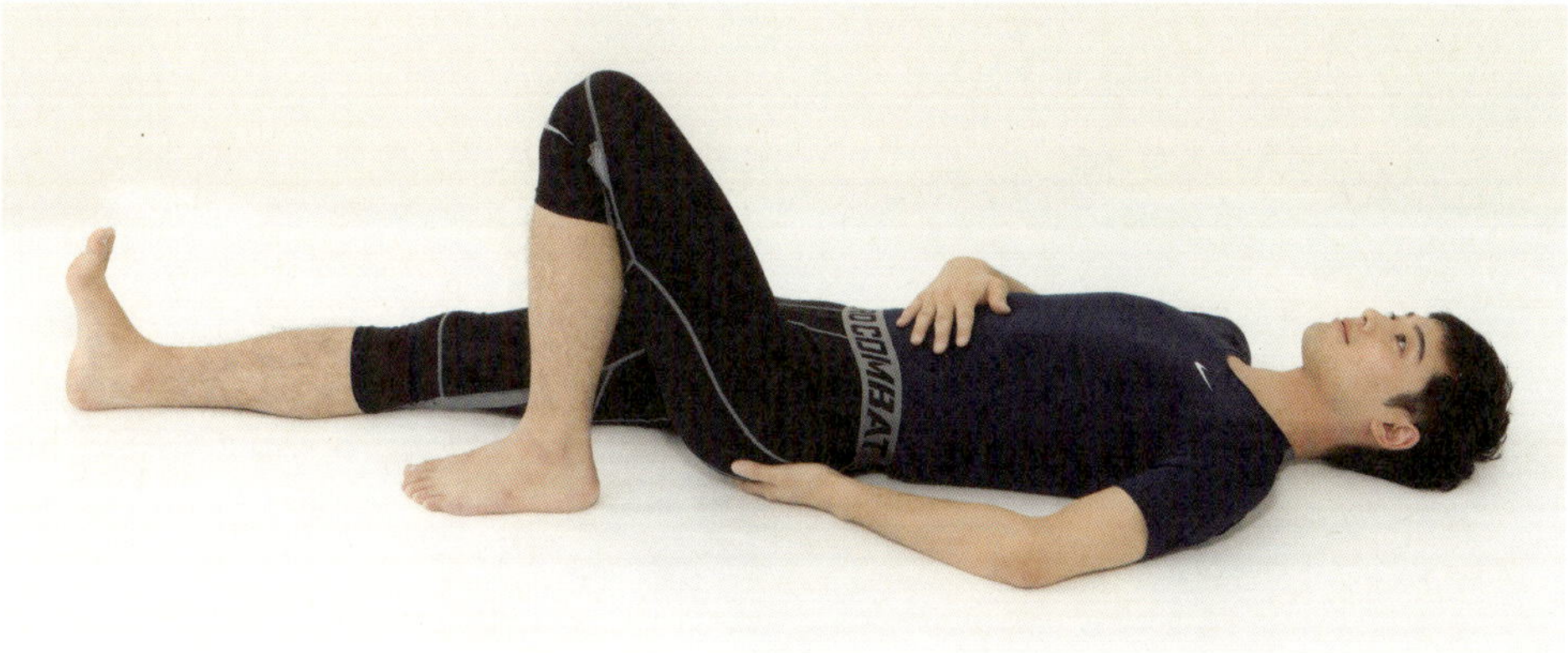

2 右手をお腹の上におきます。これはストレッチの最中にお腹が出ないよう確認するためです。ゆっくりと左ひざを曲げていきます。足の裏が床から離れないように注意。できるだけひざを深く曲げてください。

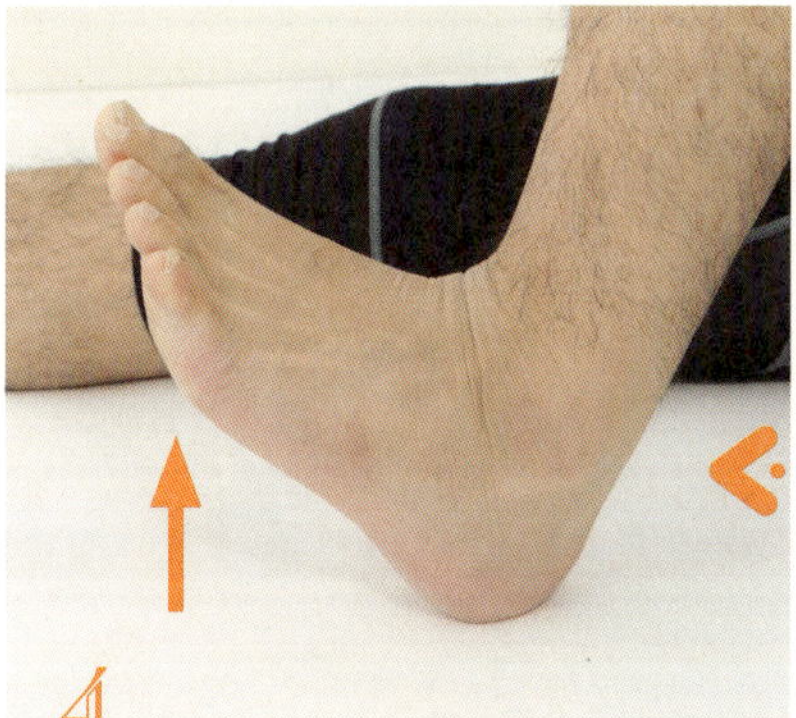

4

ひざを曲げたまま、今度は、つま先を上げて、かかとで床をグッと押します。③→④を５セット行い、左右の手を替え同様に右足首もストレッチしましょう。

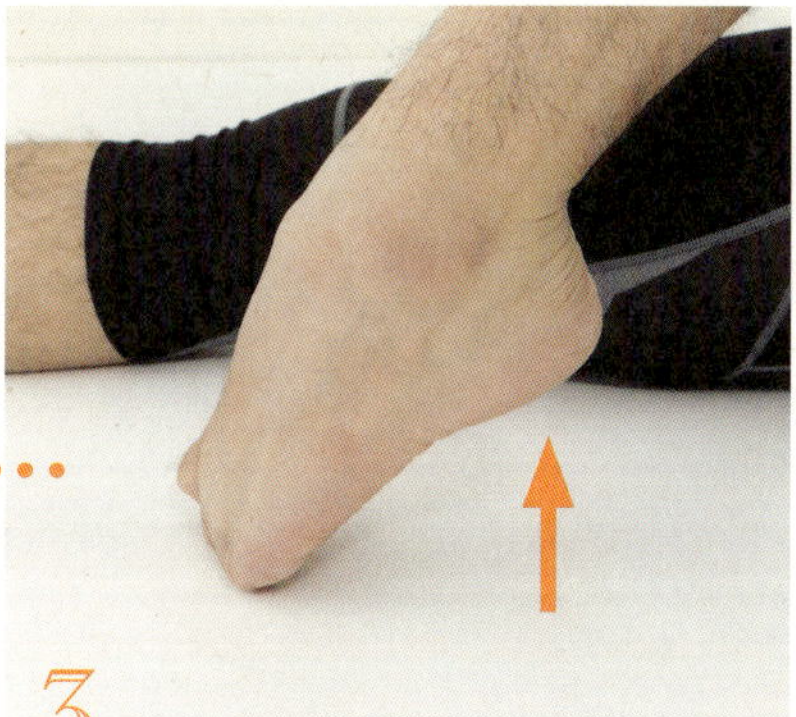

3

ひざを曲げたまま、左足のかかとを上げ、つま先を丸めて床につけます。

足首ストレッチ PART 2

「1日中営業で足が疲れた」「立ちっぱなしの仕事で、脚がむくむ」「デスクワークで脚がむくむ」…など、ふくらはぎに意識を向けがちですが、ふくらはぎの疲れの大元にあるのは、足首です。そこで仕事中にもできる「足首ストレッチ」の方法を紹介します。

1

背筋を伸ばしてイスに浅く座ります。足の裏を床にぴったりつけて、足の外側のラインが平行になるようにします。行うほうの足の太ももに手をおき、反対の手はお腹へ。まずかかとを床からできるだけ上げて、つま先は丸めるようにして床につけます。

2

曲げていたひざを伸ばし、ひざ裏をしっかり伸ばして、かかとを立てます。①→②を繰り返し何回か行い、左右の手を替え今度は反対側も行いましょう。

4 肩関節ストレッチ

肩甲骨を大きく動かすことを意識しましょう。とくに猫背の人は肩甲骨周辺がつまって、肩関節の動きが悪くなっています。ポイントは身体の軸がぶれないこと。かかと重心をしっかり意識してください。“首を伸ばす”ことにも意識を向けましょう。

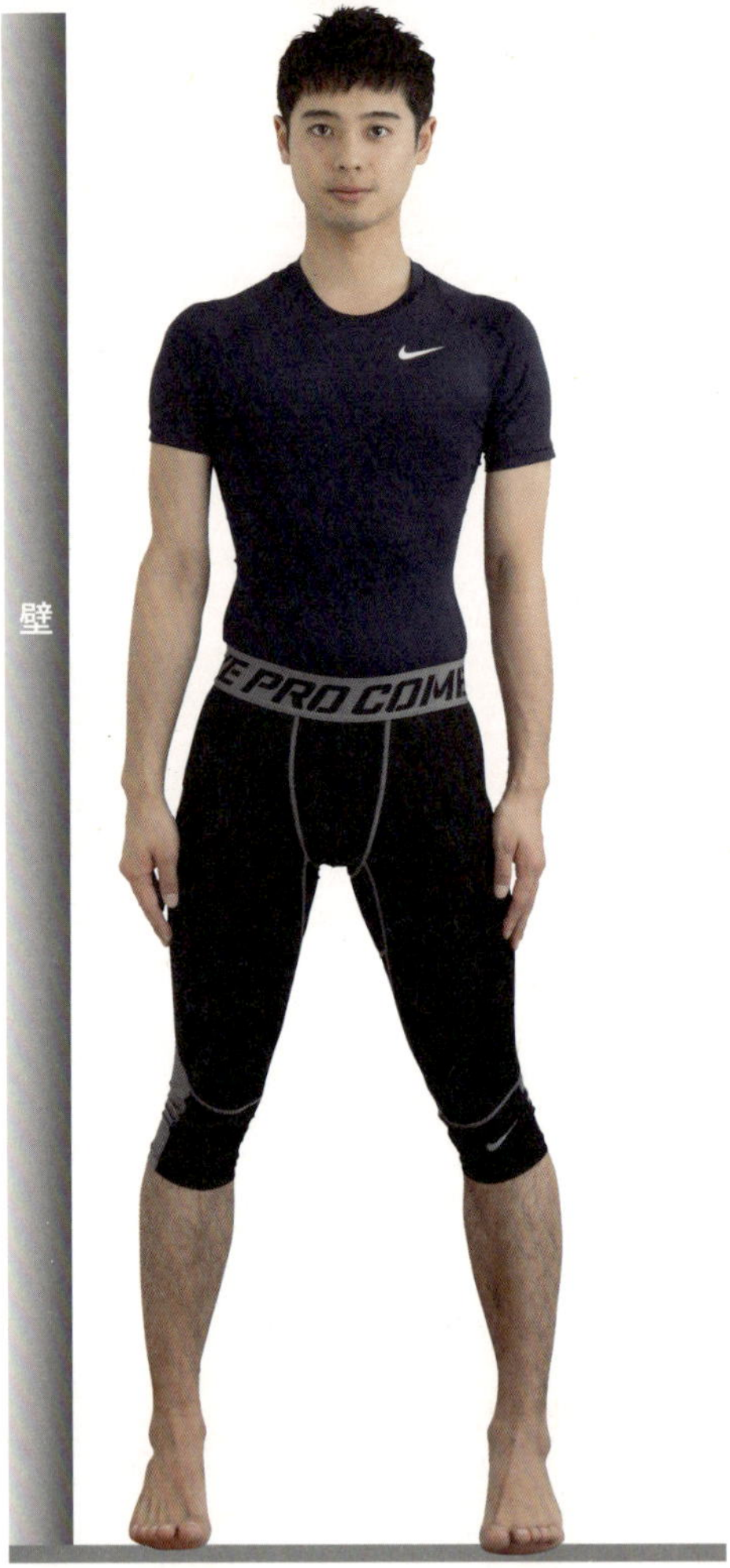

1 壁の横に少しだけ離れて立ちます。足を肩幅より広めに開いて、足のゆびをアップ。なぜ足のゆびをアップするかというと、重心のかけ方が正しくなるからです。もちろん、かかと重心です。

ミーポンとキヨチの青春 読書のーと

第82回「やり方が違うよ!」の巻

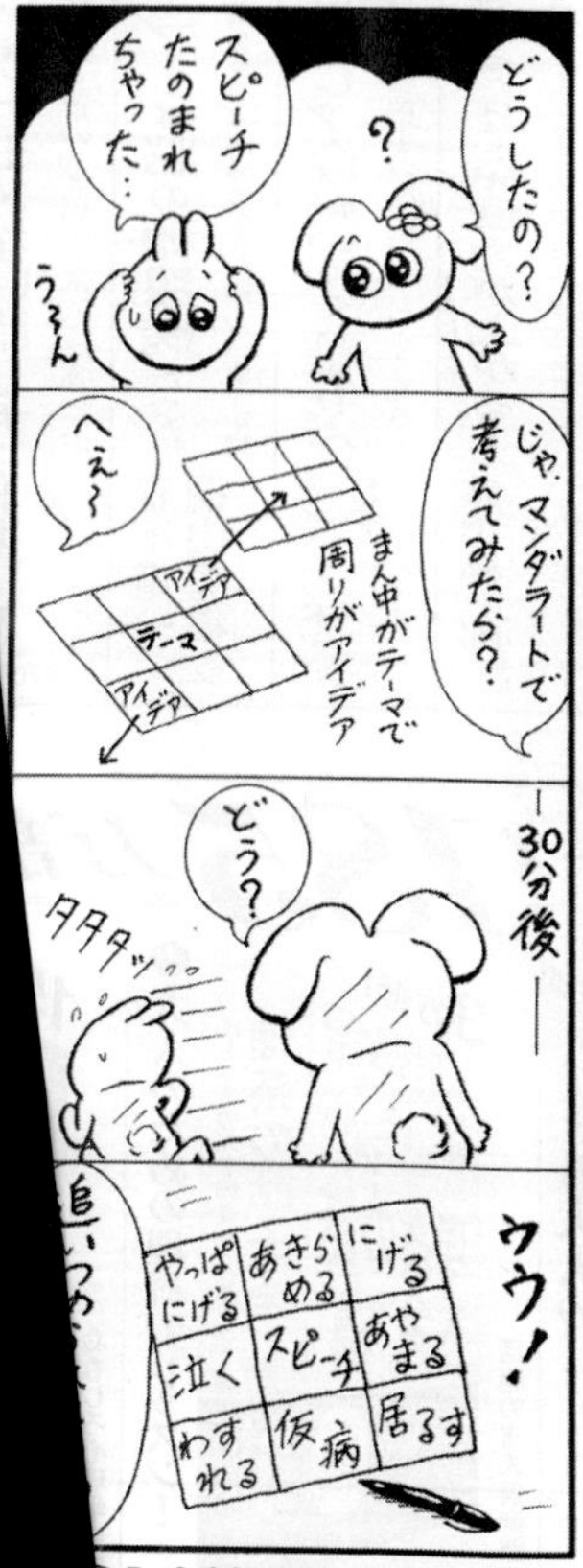

ⓒR&S COMMUNICATIONS

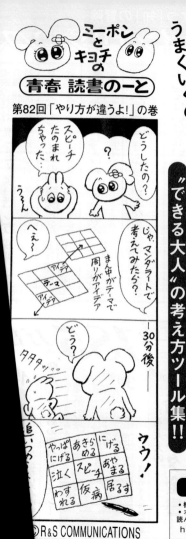

2 首は伸ばしたままで、うでを前から、ひじが曲がらないように頭上に上げていきます。耳の横を擦るように上げていくとひじは曲がりにくくなります。頭上まで上げたら、手をひっくり返して、手のひらを壁側に向けます。

3

頭上に上げたうでを、体の後ろ側に大きく、大きく回していきましょう。ただし、壁に手が触れないようにしてください。少しきついかもしれませんが、このきつさがポイントです。椎関節がトントンとほぐれて首が伸び、背が伸びていきます。

肩関節ストレッチ

4 手を下まで下ろしたら、ひっくり返していた手をもとに戻します。指先はしっかりと伸ばしてください。ここまでを5回行い、立つ向きを変えて、反対側の手も同じように、5回行います。肩がほぐれてきたら、壁との距離を少しずつ縮めましょう。

5 ひざ裏ストレッチ

ひざ裏の筋肉はほとんどの人が縮んでいます。そのぶん身長も縮んでいるのです。また、ひざ裏にある筋肉は１日中座りっぱなしだったり、ペタペタとした歩き方をしていると、必然的に緩んできます。身長を高くするためには、「ひざ裏」への意識はとても重要です。

両脚を肩幅に開いて立ちます。両手を腰において、お腹を引っ込めて骨盤を立て、背筋を伸ばしてあごを引きます。足のゆびは上げて、かかと重心にします。これがエクササイズのスタート姿勢です。

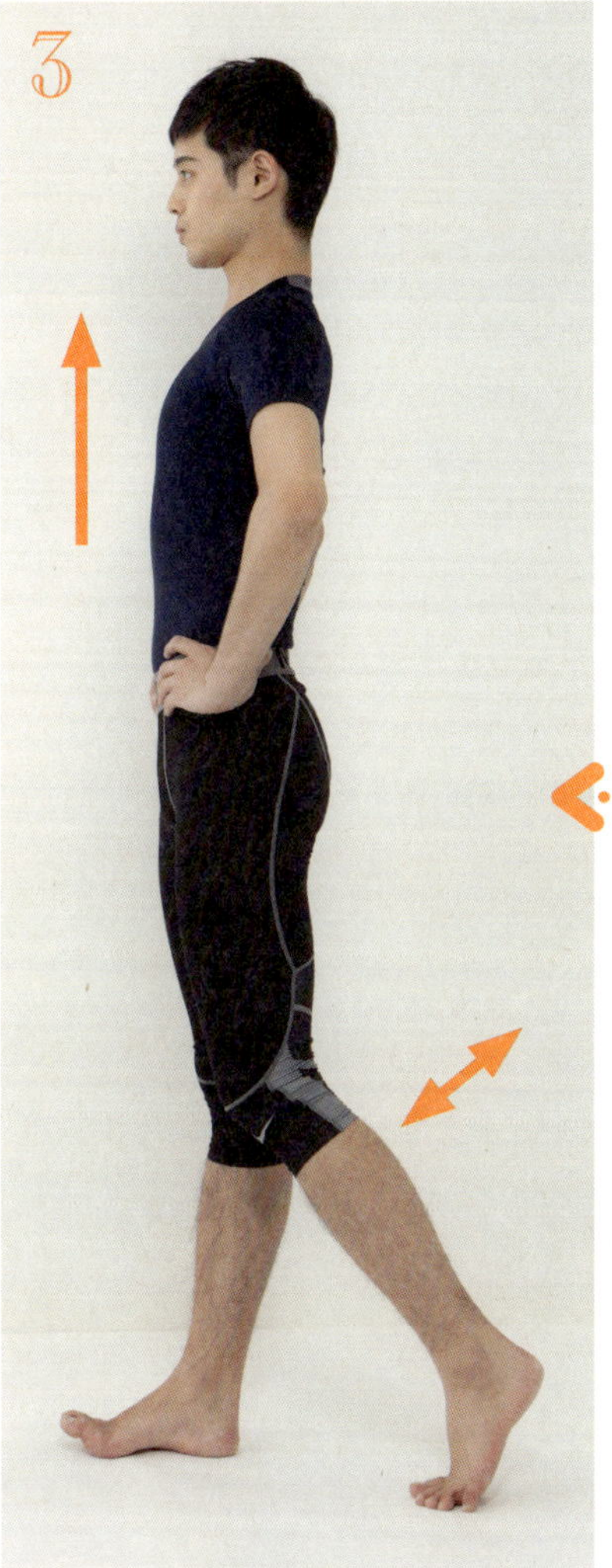

かかとは上げたまま、ひざ裏を曲げて伸ばします。足指のはらで床を蹴るように、垂直に伸び上がるイメージで。リズミカルにトントントンと５回くり返したら、反対側の脚も同様に。左右交互に５セット行いましょう。

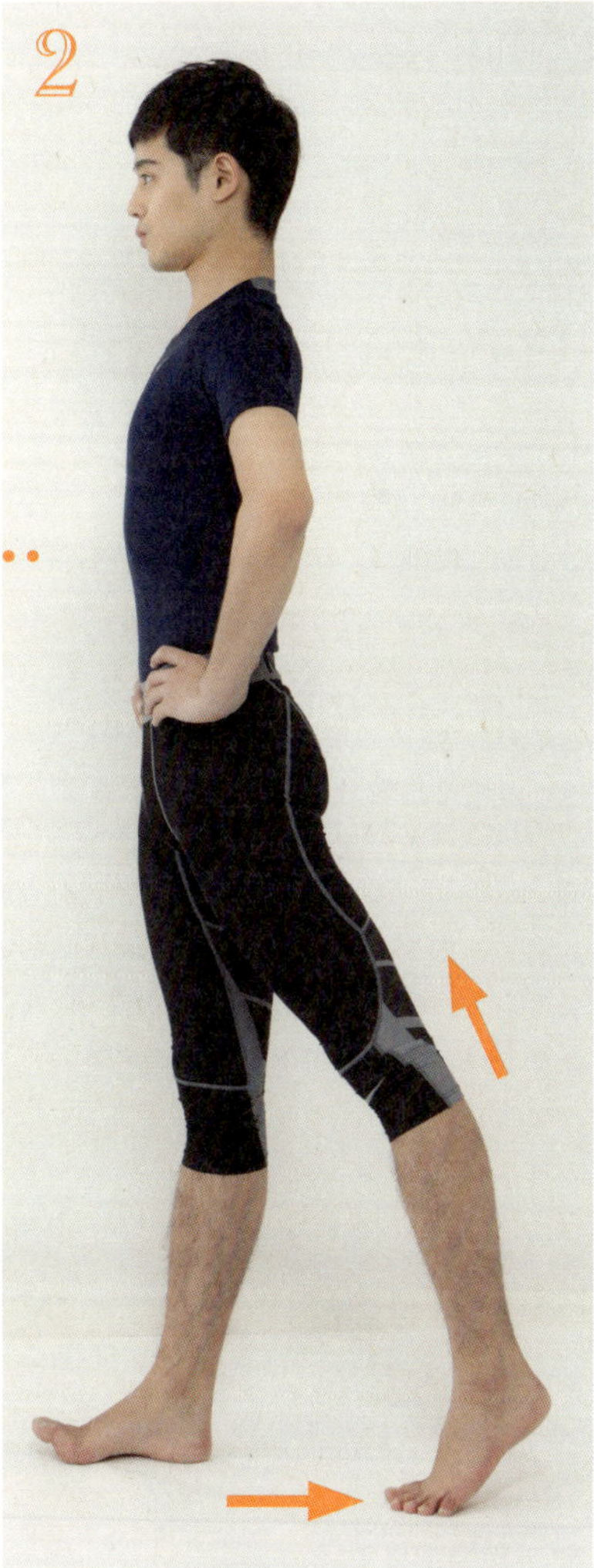

どちらか一方の脚を、ひざの裏が軽く伸びるところまで、床をスルように真後ろに引いてかかとを上げます。

6 ひざ裏たたきストレッチ

多くの人は思っているよりひざ裏が伸びていないものです。また、O 脚など脚がゆがんでいる人のほとんどがひざの関節が曲がっています。そこでひざ裏を伸ばすとともに、振動を与えて関節を調整するのがこのストレッチです。股関節を整える作用もあります。

1　両脚を伸ばして座り、足を肩幅くらいに開いて、壁に足の裏をピタリとつけます。中指と薬指をまっすぐ上に向け、上体は正面を向きます。手は自然に横に下します。

2

右脚（軸脚）は動かさずに、左脚だけを 30 度ほど開きます。上体も目線も正面を向いたままです。開脚したまま、左脚のひざ裏で床をトントンとたたきます。「1、2、3、4、5」「1、2、3、4、5」と数えながらリズミカルに 10 回連続でたたきましょう。ひざをあまり曲げずに軽く振動させるイメージでたたくのがコツです。これを 5 セット行います。

3

②の状態から脚をそのまま 45 度ほどまで開脚し、②と同じように 10 × 5 セットひざ裏で床をたたきます。軸脚の裏が壁から離れないように注意しましょう。

4

さらに今度は脚を 60 度まで開脚し（さらに開脚できる人は 90 度まで開脚してください)、同じく 10 回 × 5 セット。脚をいったん①の状態に戻してから、今度は左脚を軸足にして、右脚も同様に 3 段階に開脚し、それぞれ 10 回× 5 セットずつ行います。

7 ひざ回しストレッチ

足の裏をしぼりひざを回すことで、足底や脚の裏面、ひざ裏の筋肉に作用し“抗重力筋”を鍛えるとともに、椎関節をのびのびと伸ばすストレッチです。

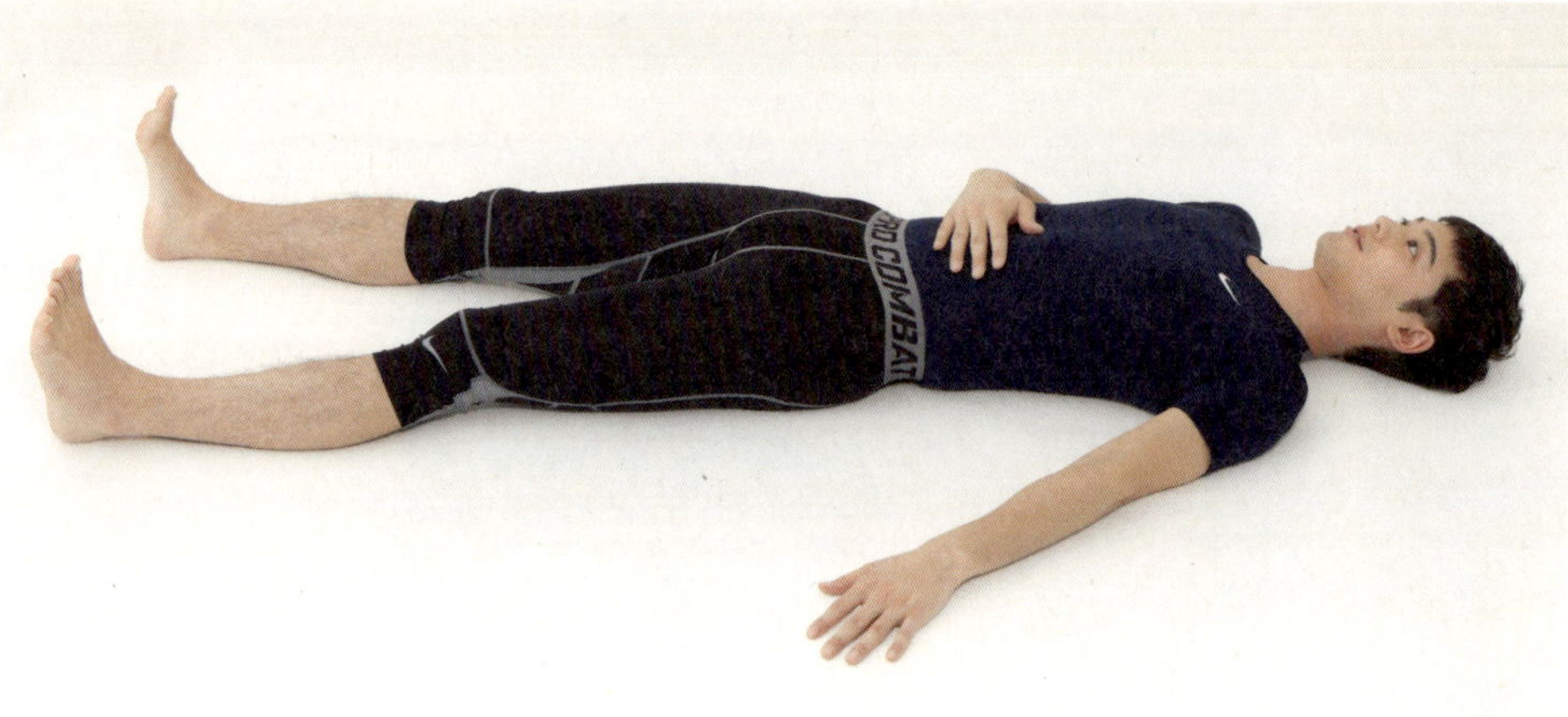

1 あお向けになり、脚を肩幅に開きます。かかとは立てて、つま先を上に向けます。右手をお腹におき、ストレッチの最中にお腹が出ないように気をつけます。

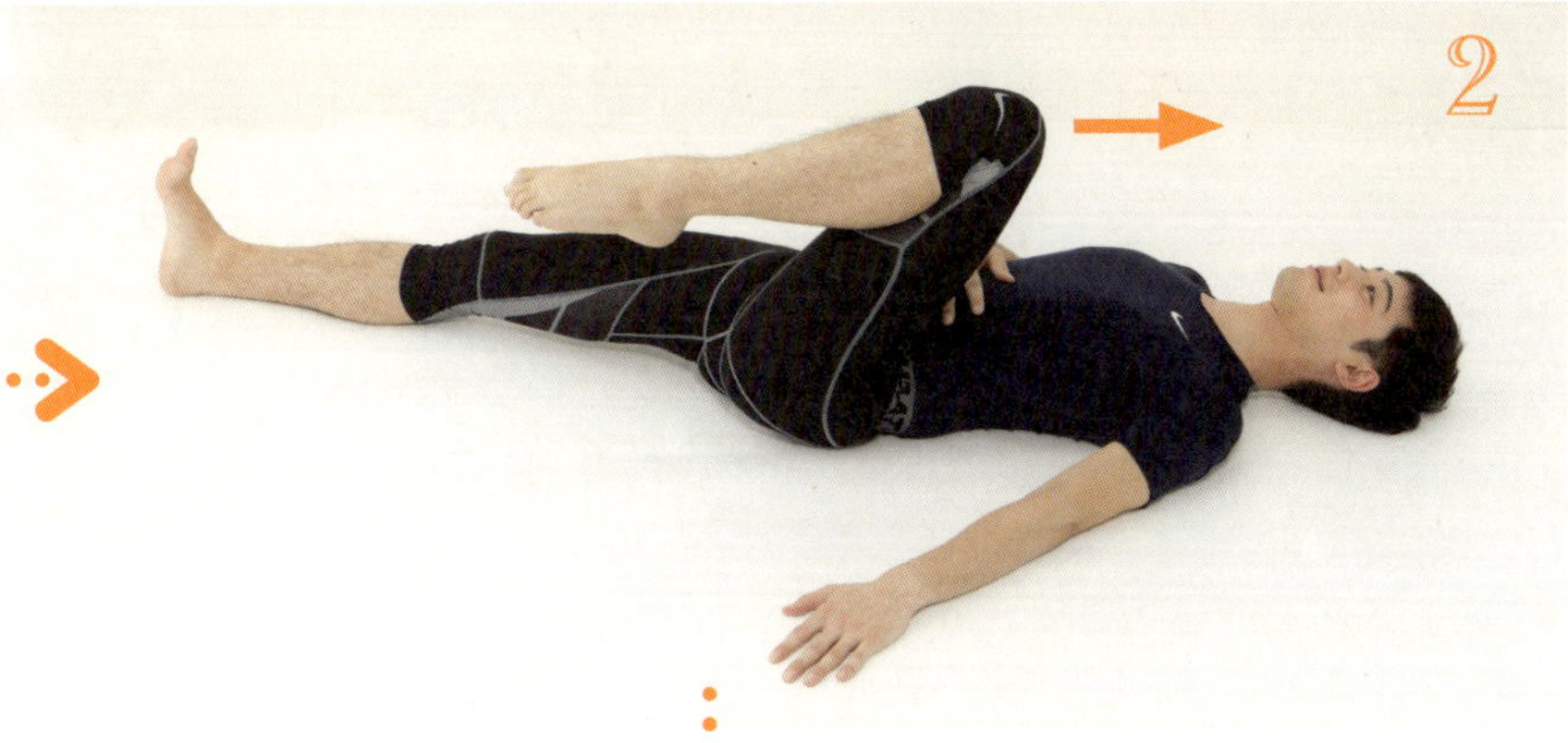

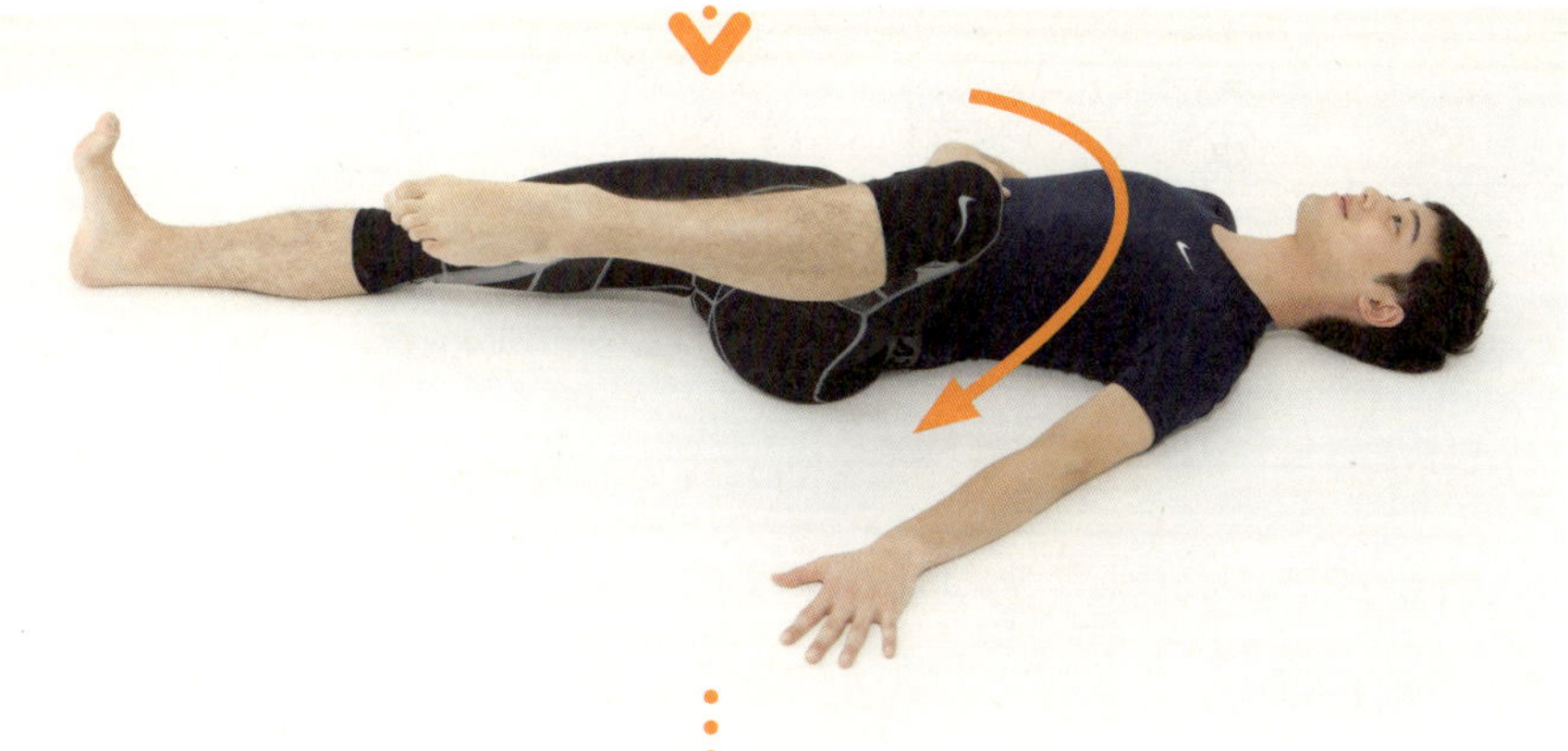

左足の裏をグーの形にしぼり、ひざを曲げて体にできるだけ引きつけたら、股関節からひざを倒して外側にクルっと回しシュッと体に引きつけます。これを5セット行い、左右の手を替え右脚のひざも同じように5セット行います。

8 股関節ストレッチ

股関節は骨盤と連結する重要な関節です。ここにゆがみや詰まりが生じていると脚が曲がります。O脚やガニ股はこのストレッチで直していきましょう。身体を上下に伸ばしながら行うことで、椎関節もよくほぐれます。

1

あお向けに寝て、脚を伸ばし、つま先を天井に向け、かかとをグイッと伸ばすようにします。両手を組み、両腕を頭の上にグ～ッと伸ばします。

2

左脚のひざを立てていきます。足底を床から離さないように、擦るようにしてひざを曲げていくのがポイントです。太ももに力を入れないように気をつけてください。

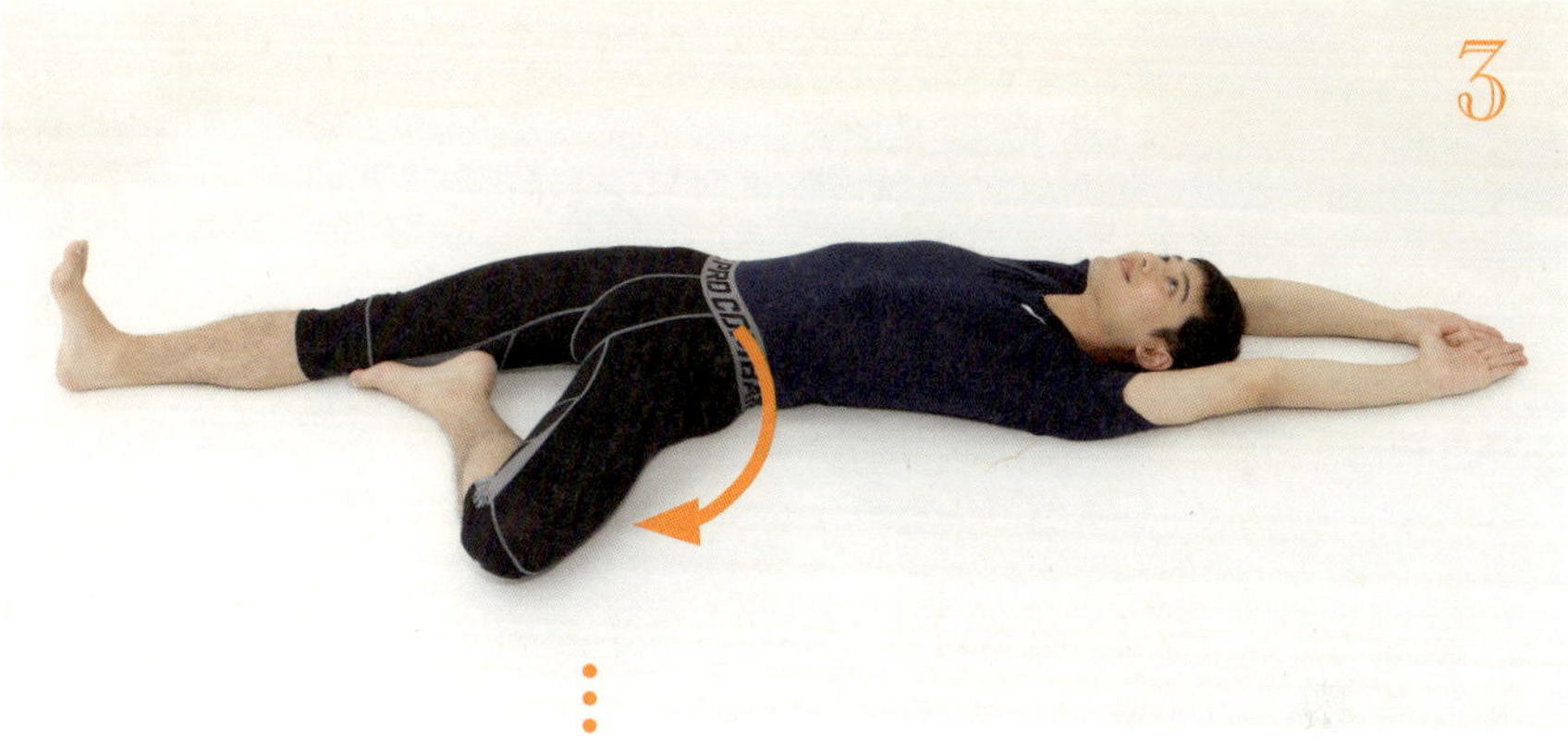

3

左足が右脚のひざあたりにくるまで左ひざを立てたら、左脚を外側にパタンと脱力して倒します。倒すときの注意点が2つ。ひざを倒すときに腰を浮かさないこと、軸足である右脚のひざ裏も浮かせないで床につけておくことです。

4

右脚の太もも内側に左足の裏をセット。そのまま右脚に添って、スーッと脚を下ろしていきます。ひざをゆっくり伸ばしてかかとを伸ばし、両脚をそろえます。右脚も同様に行い、左右1回ずつを5セット行いましょう。

9 うで回しストレッチ

あお向けでうでを回すストレッチです。シンプルな動きですが、肩関節や肩甲骨、背骨にとても効果があることを実感できると思います。腕をできるだけしっかり伸ばすことがポイントです。

1 あお向けに寝て、脚を肩幅に開き、かかとを立て、つま先を天井に向けます。両手を組み天井にうでを伸ばします。うでを伸ばしたまま小さく円を描きます。時計回りに５回回したら、今度は反時計回りに５回。次に大きく円を描きます。肩甲骨を動かしてめいっぱい大きく時計回りに５回、反時計回りに５回。

2　両手を組んだまま、今度は頭の上にグ～ッと腕を伸ばします。腕を伸ばしたまま、まずは小さく円を描きます。時計回りに５回回したら、今度は反時計回りに５回。次に大きく円を描きます。時計回りに５回、反時計回りに５回。肩やうでに力を入れず指で先導させながら回すのがコツです。最後に指の方向を見ながら、うでを伸ばし、ぐ～んと伸びをしましょう。

10 骨盤ストレッチ

骨盤と、椎骨全体をほぐすストレッチです。太ももの裏側の筋肉にも刺激が伝わりますから、身長を伸ばすポイントに。骨盤を立てる感覚が身につき、柔軟性も高まります。

1 仰向けに寝て、脚は肩幅に開きます。足底を意識しながら、かかとで両脚を曲げてひざを立てます。両手は左右少し広めにポジショニングしておき、首をスッと伸ばしましょう。

2 ①の体勢から、骨盤を真上に“持ち上げる”意識で上げていき、5秒静止したら、ストンと下ろします。ドスンと下ろして、尾骨に響かないように気をつけてください。「5秒静止」がきついということであれば、できる範囲でかまいません。骨盤は脚のつけ根がしっかり伸びるまで真上に引き上げましょう。

11 お尻たたきストレッチ

股関節をほぐして、お尻を引き上げ、お腹を凹ます効果のあるストレッチです。伸ばしているほうの軸足を動かないようにキープするのがポイントです。

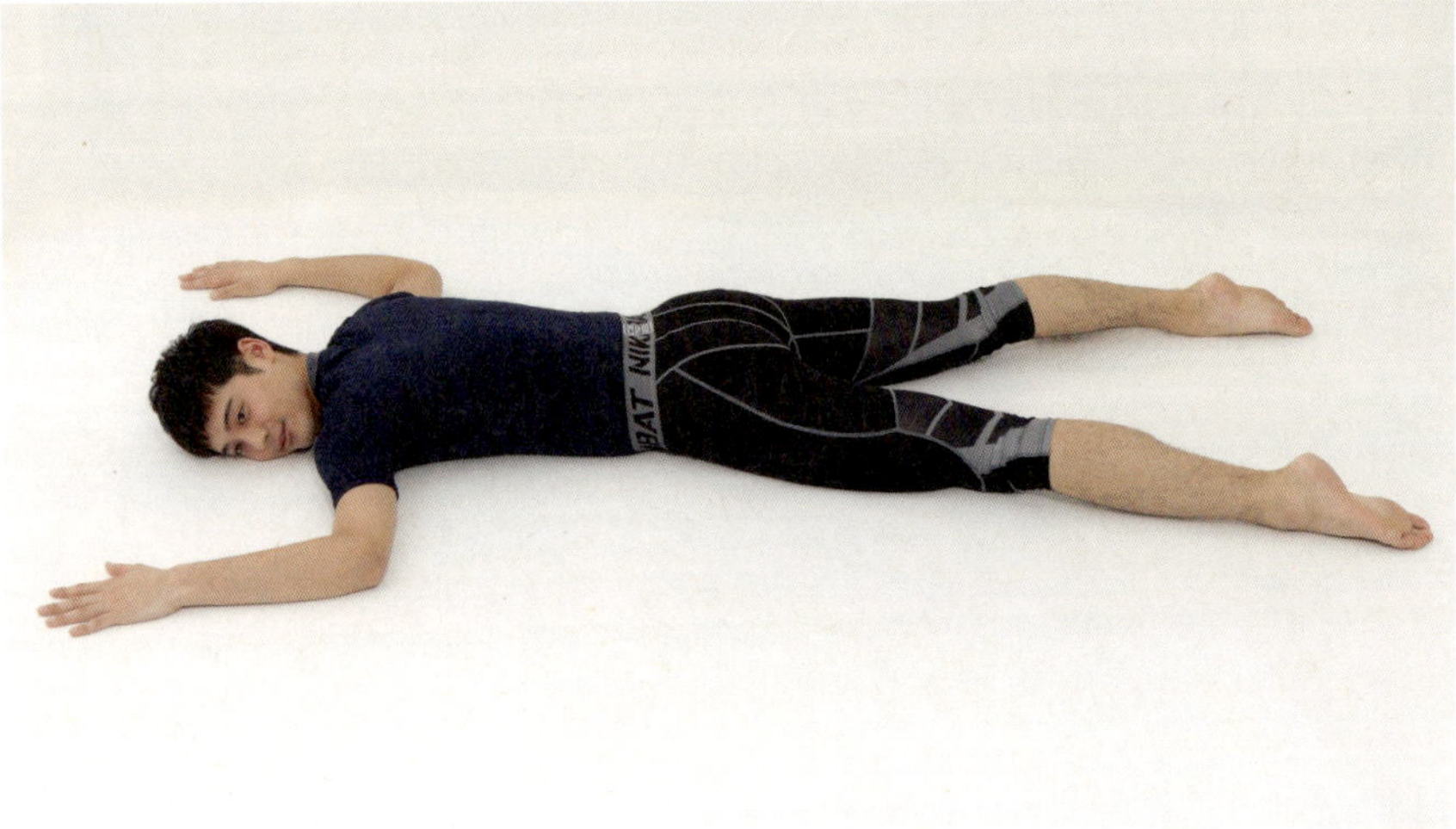

1 うつ伏せに寝て、脚は肩幅より少し広く開き、両手はひじを曲げ手のひらを下にして顔の横におきます。顔は行う脚の側に向けておいてください。ここでは、まずは左側からスタートしましょう。

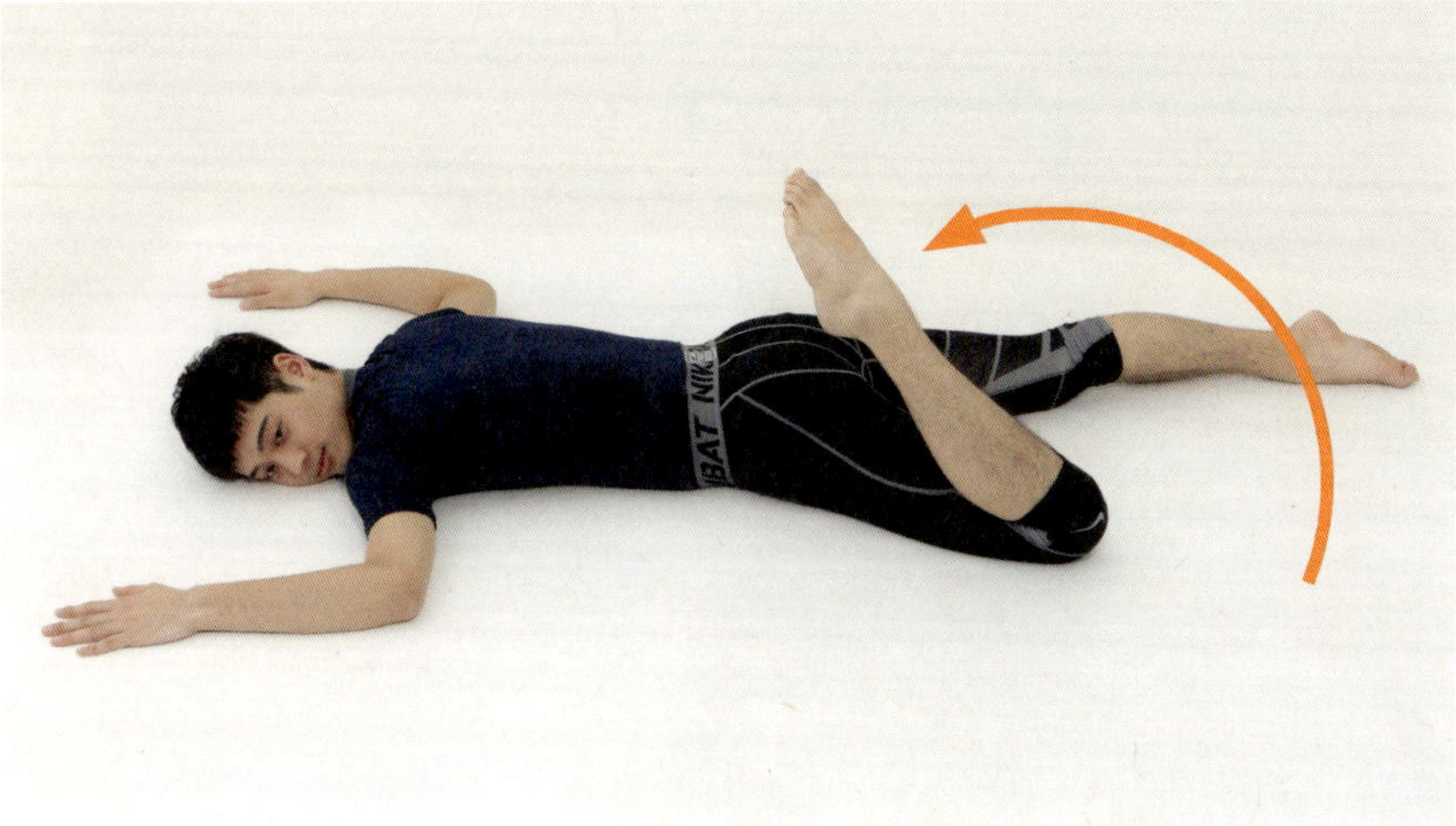

2　左足の底をグーにしぼって甲を伸ばし、足底にアーチをつくります。ひざを曲げ、かかとでお尻をトントントントントンとリズミカルに5回。これを10セット行います。かかとがお尻につかない場合は、軽く反動をつけてもOKです。顔の向きを変えて右側も同じように5回×10セット行いましょう。

12 股関節回しストレッチ

骨盤と股関節。このふたつは一体となって背骨の椎関節を支えています。どこかにズレが生じるだけで身体は正しく連なりません。このストレッチは股関節を回してほぐすことで骨盤を正しい位置に戻し、椎関節を整えます。お腹を凹ます効果も絶大です。

1

肩幅より広めに脚を広げて立ち、お腹を引っ込めます。かかとに重心を乗せ、足指を上げます。手は腰に、視線はまっすぐ前を向きます。

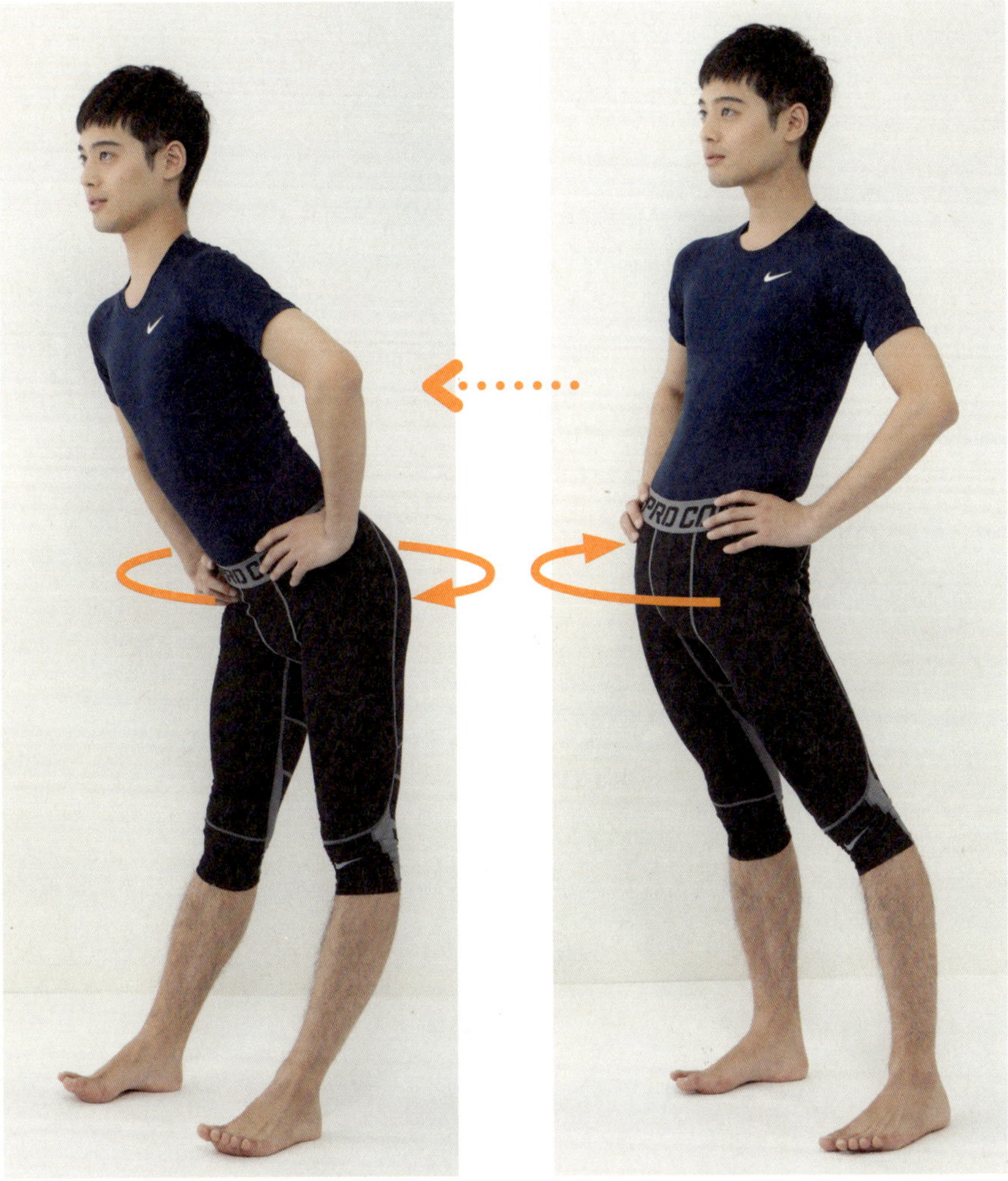

2 まず、脚のつけ根を前に出します。お腹は出さないように気をつけてください。ここから右→後ろ→左→前と、時計回りに円を描くように腰を回します。脚のつけ根を回す意識で行うといいでしょう。後ろに回すときは太ももとひざ裏を伸ばしましょう。逆回しもします。前→左→後ろ→右→前と、反時計回りに円を描くように。このストレッチで大切なのは、頭の位置は腰を回すときもつねに変わらず中央に置くこと。身体の体幹（軸）を感じながら1分ほど行います。

13 椎関節ひねりストレッチ

椎関節をダイナミックに動かしていくストレッチです。ほぼ180度回転させるつもりで、詰まった椎関節をほぐしていきましょう。ゆっくり回しながら“椎骨が回る”感覚を認識してください。胸鎖乳突筋に働きかけ、首を伸ばす効果もあります。

1

壁から少し離れて立ちます。脚は肩幅より広めに開き、足の指を上げて、かかとに重心を置きます。両手はひじを曲げ、手のひらを外側に向けてスタンバイ。同時に呼吸を整えて吸います。

2

息を止めたまま、上体をひねっていきます。骨盤はできるだけ正面に向けて上半身をひねり、後ろを向きます。

3

壁を手のひらで軽く押します。腕に力を入れないように注意してください。壁を押すときに、息を上方向にフゥ～と吐き切ります。ゆっくりと息を吸いながらスタートの姿勢に戻ります。これを左右交互に10回ずつ行います。

14 内脚伸ばしストレッチ

内転筋の稼動域を広げて股関節をほぐし、仙腸関節の位置を調節して、骨盤を整えるストレッチです。ひざ裏の抗重力筋や脚の内側の筋肉が鍛えられますから、O脚やガニ股など脚のゆがみを直すのにも高い効果があります。

1

肩幅より少し広めに脚を開いて、かかと重心にして立ちます。中指と薬指を正面に向けて、足の外側のラインをまっすぐにします（少々内またぎみになります）。両手は後ろに回して、手のひらを下にして組み、下方向に伸ばします。みぞおちを上げて、首を上に伸ばす意識で立ちます。

2

スタートの姿勢が整ったら、右足を真横にズラし、脚の内側にある内転筋を少しずつ伸ばしていきます。右脚を真横に伸ばしていくと同時に、左脚のひざを浅く曲げます。足首は、スキーのエッジを立てるようなイメージで、内側を伸ばします。

3

①のスタート姿勢に戻り、今度は左側の脚の内側を伸ばしていきます。最後まで上体はまっすぐ上に、骨盤を立てる意識で。左右1回を1セットとし、5セット行いましょう。

15 椎関節ストレッチ

背が高くなる要素がふんだんに詰まったストレッチです。股関節を柔軟にし、骨盤を立て、椎関節を伸ばします。最後に首を回すことで、頸椎の椎関節をほぐし、上へ上へと身体を持ち上げていきます。最初は少しきついと思いますが、効果は絶大です。

1

両ひざをつけ脚を肩幅に広げ、ここから片方の脚を思い切り一歩踏み出します。後ろの脚は足底をしぼり、太ももの裏を伸ばしてください。両手を頭の上で組んでひっくり返し、うでを伸ばしたまま、首を上へと伸ばします。身体がぐらつかないように気をつけましょう。

2

うでを真上に伸ばしたまま、首を水平方向に回します。ゆっくりと回せるまで回しもとに戻します。反対側にも首を回してください。左右交互に3回ずつ首を回したら、手と脚をもとに戻し、今度はもう片方の脚を前に出して同様に首を回します（慣れてくると、首を回しきってから力を抜くだけで、自動で首が正面に戻るようになります）。

16 O脚直しストレッチ

ひざ裏と椎関節を伸ばしながらひざの位置を調整し、より効果的に足のゆがみを直すストレッチです。O 脚などの脚のゆがみは背を低くさせる大きな原因となっています。ですから背を高くさせる効果も抜群です。かなりきつい上級者向けのストレッチですので、徐々に行ってください。

1 壁の前であお向けになり、足を腰幅に開いて、足底を壁につけます。手は 45 度に開いて、手の甲を上にして床におきます。

2 そのままひざ裏を伸ばして、かかとを壁につけながら 5 センチほど床から浮かせます。

3

左脚のひざを曲げ、右足の底で壁を押したまま首を右側に倒してこめかみを床につけます。

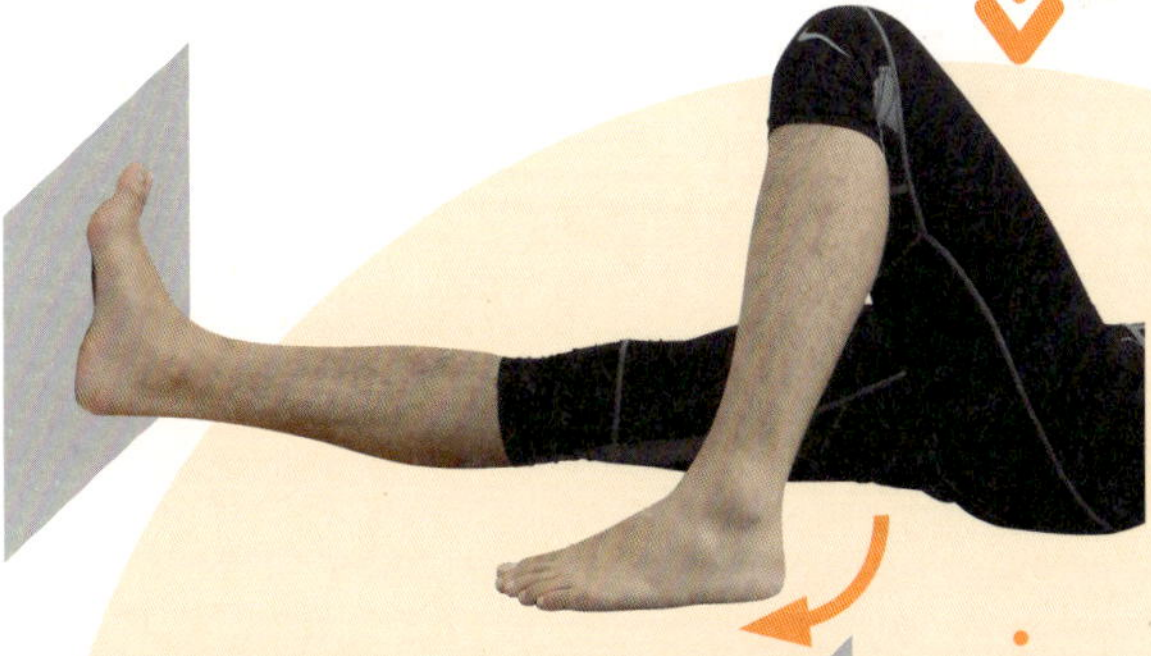

4

左脚の足底をお尻側に少し引きつけてから、足底で外から内へ床を擦りながら半円を描くように回します。

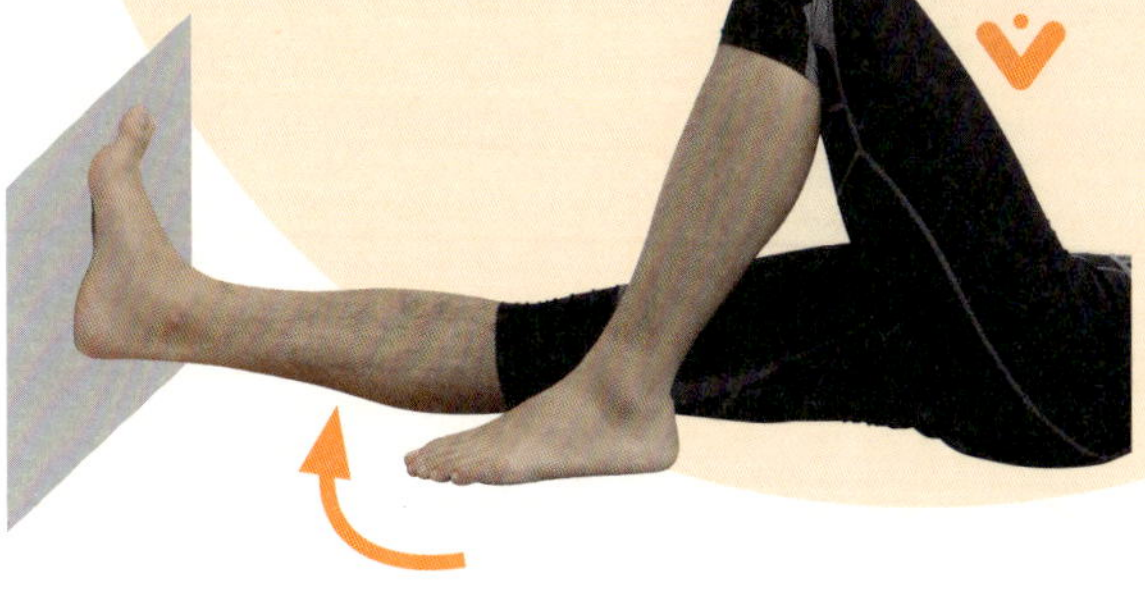

O脚なおしストレッチ

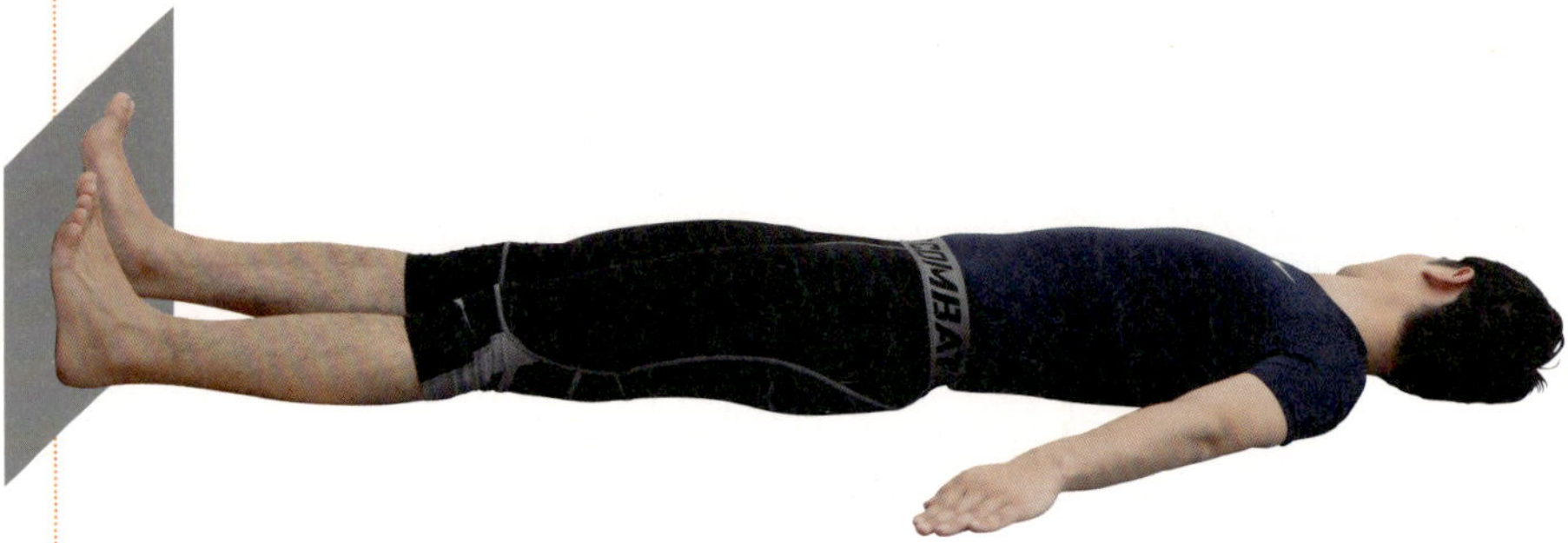

5 脚をストンと脱力させてひざを伸ばし、かかとを壁につけます。④→⑤を5回行ったら首を戻します。右脚のひざを曲げ、首を左側に倒し、右脚も同様に行います。

6 右脚も同様に行ったら、両足のかかとを壁を押しながら伸ばし、首を伸ばして正面に向けます。さらに首を伸ばして後方に向けて息を吐いて終了です。

第4章

背が高くなるしくみ

しくみ 1

「関節」をほぐす

身体中の関節をほぐして骨と骨のあいだを空ける

これまでご説明してきたように、**身長を伸ばすための最大のポイントは「関節」です。**

わたしたちの身体は骨が関節でどうつながっているかで、骨格が決まります。関節にはいったいどんな役割があるのか。ここで関節のしくみを説明しておきましょう。

肩関節や股関節は「球関節」と呼ばれ、いろいろな方向に動かしたり、回したりできる関節です。かたちは機械部品の軸受けに似ています。これに対して、**ひじ、ひざなどの関節は、かたちがドアの蝶番《ちょうつがい》に似ていることから、「蝶番関節」**と呼ばれています。**ひじ、ひざには、まわすことができる「車軸《しゃじく》関節」もある**ので、内側にも外側にもまわすことができるのです。

手首や足首などの関節は「楕円《だえん》関節」といいます。手の親指の根元には、馬の鞍にまたがるような構造になっている**「鞍関節《あんかんせつ》」**があります。手や足の甲にも関節があります。**「平面関節」**といいます。背骨の椎関節も平面関節です。

基本的な構造は同じですが、**ひじやひざの関節のようによく動くもの**もあれば、**骨盤のように少し動くもの、頭蓋骨のように動きにくいもの**もあります。関節のまわりには筋肉があって骨と骨をつないでいますが、複雑な動きをしたり、大きな負担がかかる**関節のそばには、強い伸縮性を持った靱帯が発達**しています。また、**骨と骨のあいだにある軟骨は、外から骨にかかる衝撃を和らげる**クッションの働きをしていて、これによって骨は護《まも》られています。このようなさまざまな関節の特性に合わせたストレッチが本書のプログラムです。だから効くのです。

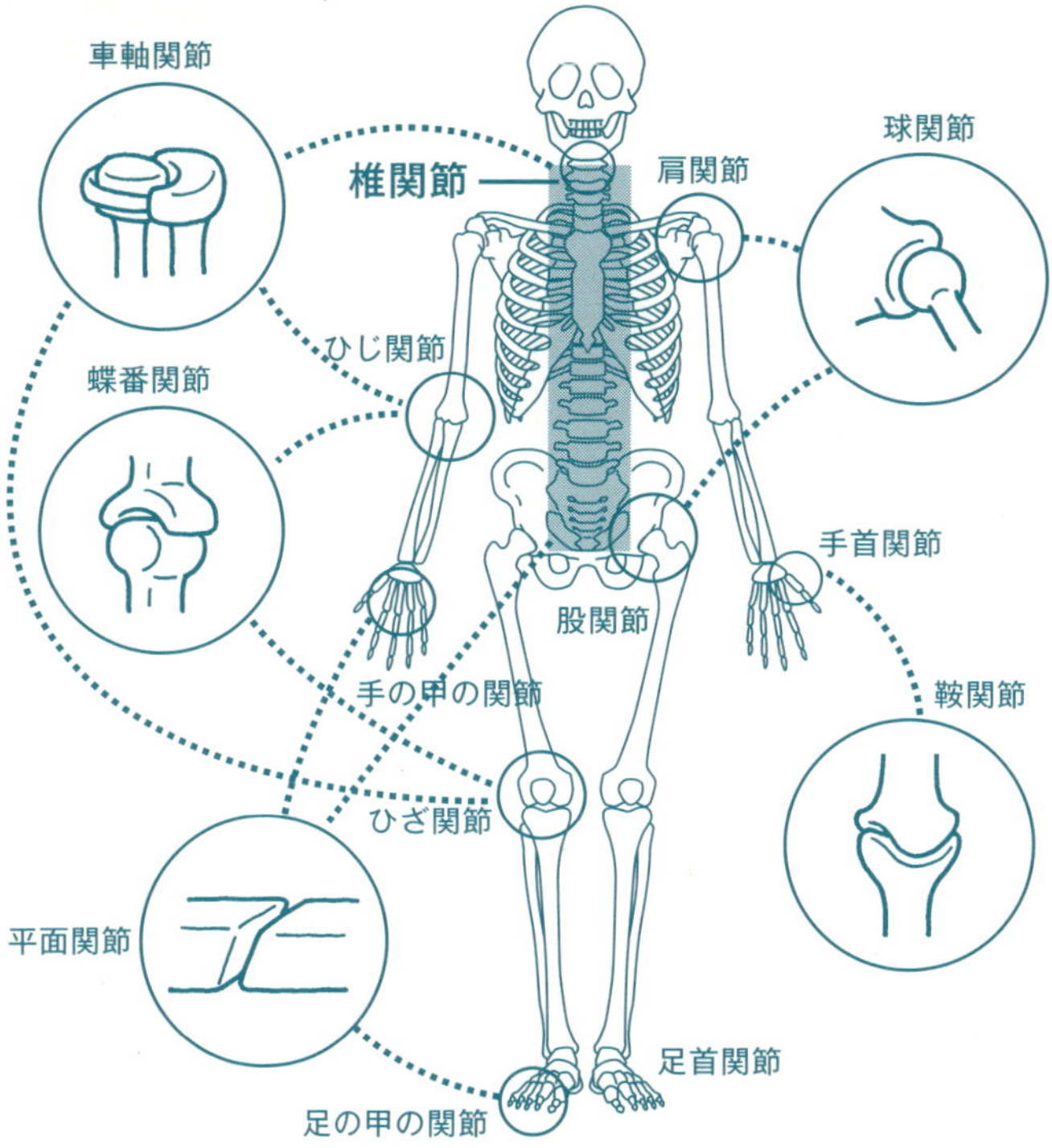

しくみ
2

首と頭の位置を整える

首をスッと持ち上げる筋肉を効率的に鍛える

首が前に倒れる前肩の人は、頭の重みを支え、首をまっすぐに保つ働きをしている**胸鎖乳突筋**《きょうさにゅうとつきん》が衰えています。そのため、負担がかかり首まわりに硬い余計な筋肉がついてしまうのです。首の骨（頸椎）の関節（椎関節）も詰まっています。首が太く短くなるのはそのため。

本書のストレッチは、椎関節の詰まりをほぐすだけでなく、胸鎖乳突筋も鍛えます。その縦に伸びる本来の働きを取り戻せば、**しっかりとした長い首が実現し、そのぶん背が高くなる**のです。また、**頭がい骨を左右から引き締めて、持ち上げる**働きのある抗重力筋群（**側頭筋**《そくとうきん》や**側頭頭頂筋**《そくとうとうちょうきん》）にも働きかけますから、**顔がシュッと小さく**なります。

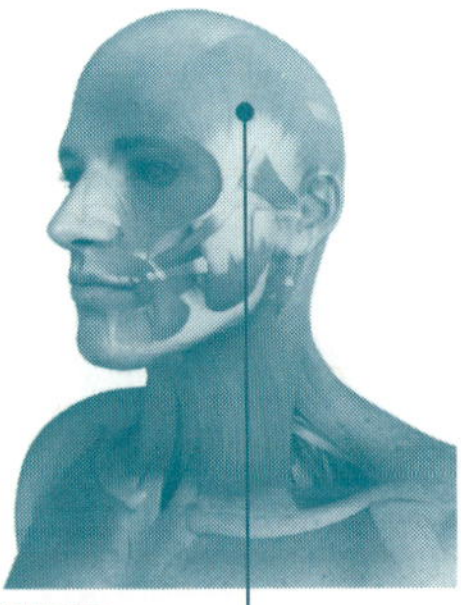

側頭筋

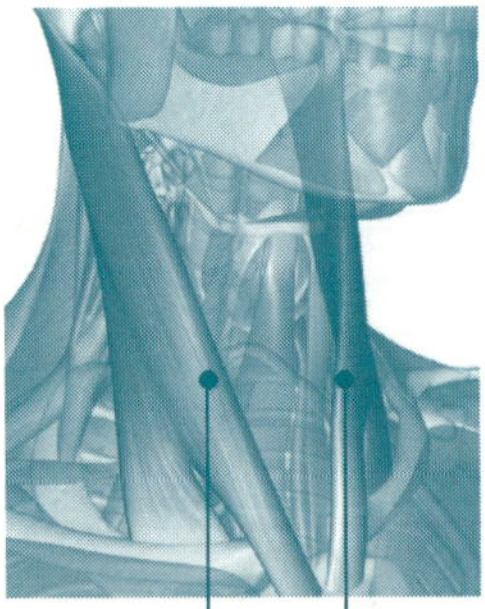

胸鎖乳突筋

しくみ
3

「抗重力筋」を鍛える

〝重力に逆らう筋肉〟を十分に働かせる

わたしたちは重力と日々〝戦って〟います。その戦いの主役が**〝抗重力筋〟と呼ばれる筋肉**です。抗重力筋の働きがなければ、立った姿勢を保つこともできません。代表的なのは、**脊柱起立筋**、**腹直筋**《ふくちょくきん》、**大腰筋**《だいようきん》・**腸骨筋**《ちょうこつきん》、**大腿二頭筋**《だいたいにとうきん》などですが、それらは身体を縦に引き上げる役割も担っているのです。ですから**抗重力筋を十分に働かせることも、背を高くするためには重要なポイント**です。せっかく関節をゆるめて間隔を広げても、抗重力筋が弱いと、重力に負けて間隔を保つことができないからです。

抗重力筋は下から鍛えていくのがセオリー。つまり、**足底の筋肉をしっかりつくり、関節をゆるめていきながら、身体を縦に伸ばすストレッチが大切**。関節をゆるめることと抗重力筋を鍛えることはワンセット。それを実現するのが本書のストレッチです。

しくみ
4

「椎骨」への負担を減らす

椎関節をゆるめれば椎骨への負担が少なくなる

椎骨は足や脚の骨、骨盤の上に積み木のように積み上げられていて、つねに上半身を支えています。**日常的に一番負担がかかっているからそれだけに詰まりやすい**のです。椎骨の位置がずれたり椎関節が詰まると、椎関節まわりにはそれ以上のゆがみを防ぐために硬い筋肉が発達してきます。硬い筋肉に囲まれると、椎関節は動きが悪くなります。

この**悪循環を断ち切るには、椎関節のまわりの硬くなった筋肉をほぐし、椎関節をゆるめること**です。**同時に肩関節をゆるめて上半身のゆがみを解消する**ことも大切。ゆがみをとることで、硬くなって盛り上がっている僧帽筋や、肩甲骨まわりに板状についている広背筋も、強くしなやかなものに変わっていきます。筋肉が薄く強くなれば椎骨にかかる負担もグンと軽減されます。そして背の縮みも解消されていくのです。

しくみ 5

「猫背」を直す

猫背を直すだけで背は何センチか高くなる

背中が丸まっている猫背の人。背骨が左右に曲がっている**側弯症**《そくわんしょう》の人。背骨にねじれがあり、左右の肩・骨盤の高さが違うという人は身長が伸びる可能性が高いのです。

ストレッチで下から整えていきましょう。脚のゆがみを正し、股関節を整えて、骨盤を正しい位置に戻す。骨盤の高さが左右シンメトリーになったら、下半身の曲がりやゆがみは解消され、関節も正しい状態になります。下半身が「できた」ら、上半身も整えやすくなります。肋骨の位置も左右対称になり、肩の高さもそろい、背骨もゆがみもとれて、正しいS字カーブを描くようになるでしょう。**身体が前かがみになっていたり、左右にゆがんでいたりしてるあいだは、遺伝子によって決まる正しい身長より低くなっています**。それが克服されれば、必然的に背は高くなるのです。

しくみ
6

「脚のゆがみ」をとる

脚が長くなるしくみ

まっすぐな脚も足の底からつくられます。足底のアーチ（土踏まず）をしっかりつくり、O脚、X脚などの曲がりやゆがみを正す。ひざが「く」の字に曲がっている人は、その曲がりを直します。**ひざ関節と足首関節を整えれば、脚はゆがみがなくなり、長く**なります。次に股関節のズレを正します。**股関節が整うと、斜めになっていた大腿骨が整って脚がまっすぐに**なるのはもちろん、下半身への血液やリンパの流れがよくなって、新陳代謝がよくなり太りにくくなります。また、左右の脚の長さが違う人も、その原因のほとんどは骨盤の左右の高さがそろっていないためです。**骨盤を整えたら、両脚はちゃんと同じ長さ**になります。

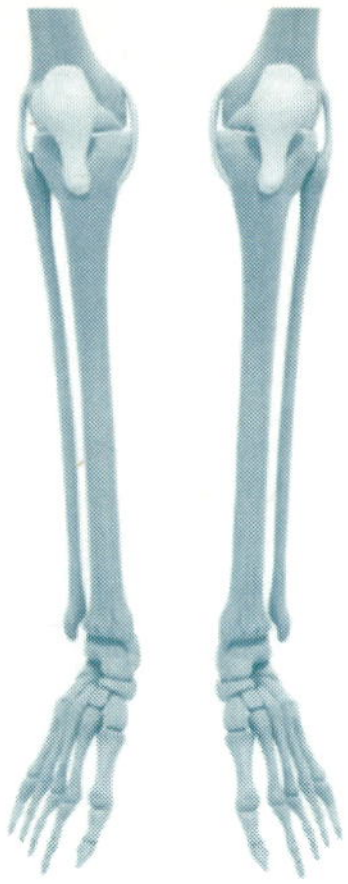

「ひざ関節」と「足首関節」

しくみ
7

「骨盤」を整える

しっかりとした「身体の要」をつくる

上半身は「骨盤」で下半身とつながっています。そのつなぎめの役割を担っているのが「股関節」。股関節が正しければ、2本の脚は上半身の重みをバランスよく受けとめられます。**股関節がゆがむと脚だけでなく骨盤もゆがみます。**骨盤が傾くと、上半身の重みが背骨の腰椎にズシンとかかり、仙骨が下がって腸骨が横に開きます。そのぶん背も縮みます。ストレッチで股関節を整えましょう。横に広がっていた骨盤がしっかり立ち、仙骨と腸骨をつないでいる仙腸関節が引き締まって、背骨をバランスよく支えられるようになります。**骨盤に正しく支えられた背骨は、負担なくまっすぐに伸び、身長が高くなる**というわけです。

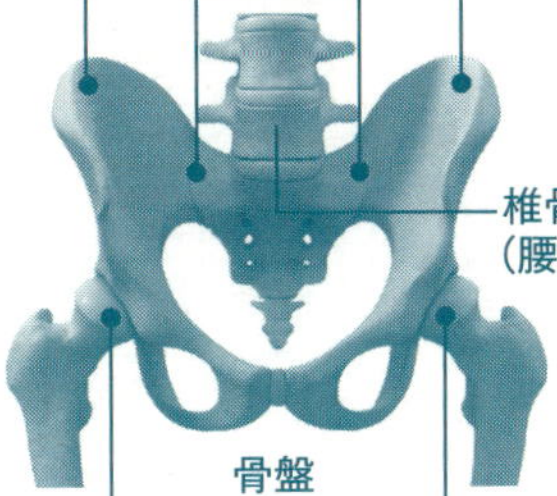

合計すればいったい何㎝伸びるか？

・土踏まずにアーチをつくって⇒「＋１～２㎜」

まず〝ふつう〟の状態で身長を測ってみましょう。次に足の指を丸めてアーチをつくって測ってください。その差はおそらく１～２㎜あったのではないでしょうか。**土踏まずにアーチをつくれば、その数値だけ背が高く**なります。

・足首関節をほぐして⇒「＋１～２㎜」

わたしたちの脚のひざから下には頸骨と腓骨という骨があります。脛骨と腓骨は下端がそろっているのがバランスのとれた状態ですが、内踝《うちくるぶし》と外踝《そとくるぶし》の位置（高さ）が違うと、脚がゆがみます。**踝の位置を同じにすることで、脛骨と腓骨の下端がそろい、脚がまっすぐになって１～２㎜は背が高く**なるんです。

・ひざ裏を伸ばして⇒「＋１～２㎜」

ひざの裏にある足底筋はしなやかに縦に伸びる筋肉で、ひざ関節を正しい状態に保ち、脚の骨をまっすぐにする役割もはたしています。ストレッチでひざ裏を十分に伸ばし足底筋を鍛えたら、**関節の詰まりがとれてひざがまっすぐになり、１～２㎜身長が高く**なります。

・股関節＆骨盤のズレを直して⇒「＋２～４㎜」

股関節のズレを直して整えれば、**斜めになっていた大腿骨が整い、そのぶん１～２㎜背が高く**なります。また、骨盤のズレを直して整えれば、**仙腸関節が締まり、尾骨と仙骨（背骨の下の骨）が持ち上がって、さらに１～２㎜背が伸び**ます。

・背骨の椎関節を１㎜ずつ広げて⇒「＋32㎜」

32個ある背骨の椎骨の関節を１㎜ずつ広げることで、32㎜も背が高くなります。

合計37～42㎜
（約4㎝伸びます）

I

骨と身長の関係

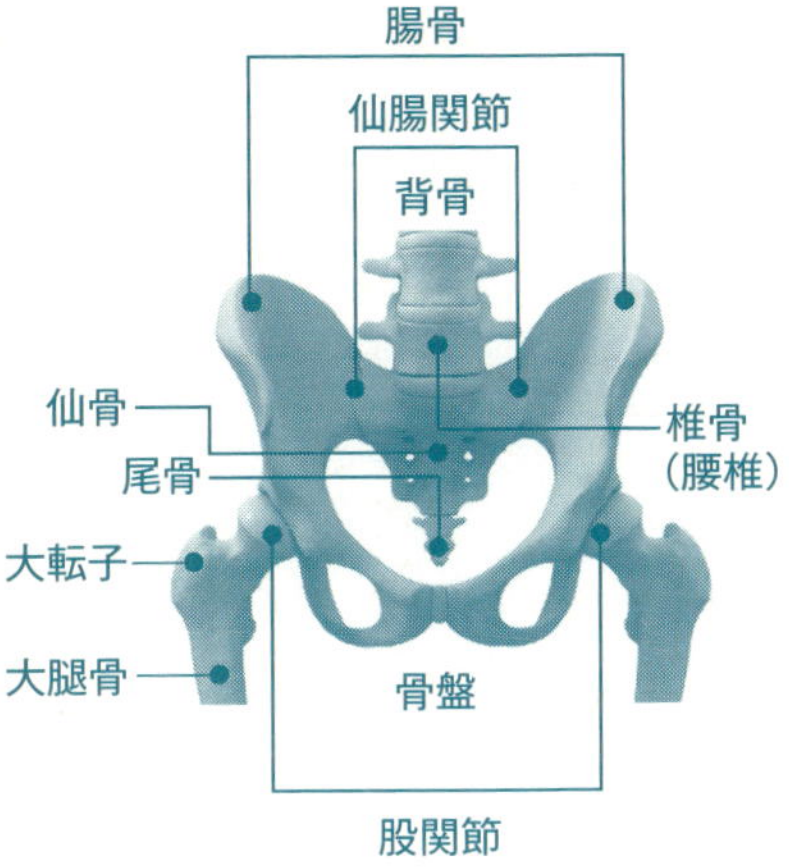

骨はどう連動して背を伸ばすのか

身長と深く関係しているのが背骨と骨盤です。骨盤の骨のうち仙骨と腸骨は仙腸関節でつながれ連動しています。仙腸関節が横に広がると、仙骨と尾骨が下がります。つまり、背骨が下がり、身長が縮むのです。骨盤が横に広がると股関節もゆがみ、大腿骨が斜めに傾き、ひざの関節やひざ下の頸骨・腓骨もズレ、脚が短く全体の身長も低くなります。

このズレは足首の関節と28個も骨がある足の関節にもおよびます。関節がズレると、関節が硬くなって固まり、正しい反しゃく運動ができず、歩くときに足底で力強く蹴ることができません。**足底の蹴る力は、全身の抗重力筋につながっています。蹴る力が弱いということは、抗重力筋の働きを弱め、身長を縮めるということ**でもあるのです。

Ⅱ

筋肉と身長の関係

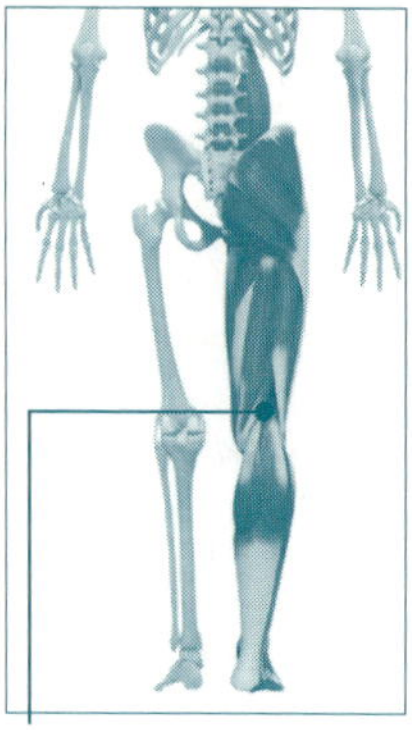

足底筋

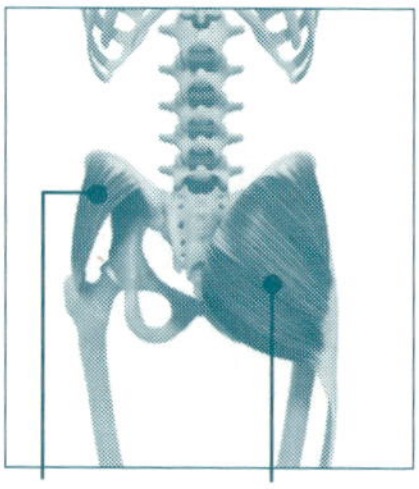

「中殿筋」と「大殿筋」

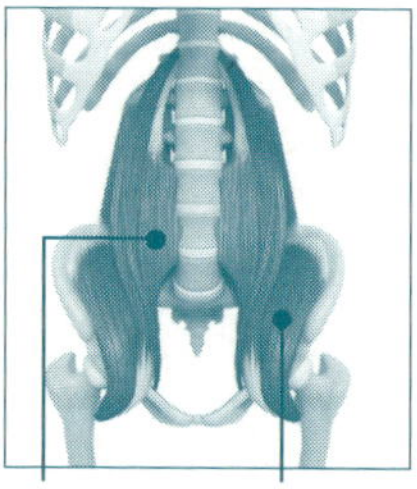

「大腰筋」と「腸骨筋」

背を伸ばす筋肉、縮ませる筋肉

206個の骨に500もの筋肉が連動して身体を動かしています。なかでもしなやかで強い**靭帯は、関節の周囲でその動きを助け**ています。また、骨格を動かす筋肉は総称して**骨格筋**と呼ばれています。筋肉全体の約40%を占め、**ストレッチで増やしたり鍛えたりできる**のも特徴です。**小転子《しょうてんし》から腰椎にいたる大腰筋やその外側の腸骨筋は、骨盤を立て姿勢を正しくキープする**働きをしています。**小殿筋《しょうでんきん》、中殿筋《ちゅうでんきん》**は**大転子《だいてんし》**につながり上に伸びる筋肉ですが、**大殿筋は発達しすぎて重力で下がると、大腿骨骨頭《だいたいこつこっとう》を横に広げ**てしまいます。それに**連動して、股関節がゆがみ骨盤も横に広がる**のです。これらを防ぐには、ひざ裏の**足底筋《そくていきん》（抗重力筋）を鍛えるストレッチが有効**です。

Ⅲ

血液と身長の関係

血流が悪いと背が縮む

血液は心臓から筋肉（心筋）の伸縮によって、全身に送り出されます。動脈を通って手足の末端まで流れる血液は、重力のサポートを得てスムーズに流れています。また、身体の各細胞や器官を経ながら静脈を通って心臓に還《かえ》る血液は、**手足を動かすことがポンプ作用になって、重力方向とは反対の血液の流れを促進**しています。ところが**股関節や肩関節のまわりの筋肉は複雑になっているので、血液がスムーズに流れにくい**。さらに、骨のゆがみでできた余分なセルライトも、血行を妨げます。血流が悪いと、新陳代謝もうまくいきません。**肌の色つやが悪かったり髪が細くなったりするのは、血流がよくないことのあらわれ**。手足の冷えも同じです。そのまま放置しておくと、縮みグセがつき、縮んだ体型が固定化してしまいます。血流にも目を向けた本書のストレッチで、そんな体型から抜け出し、ほんとうの背の高さを取り戻しましょう。

Ⅳ

リンパと身長の関係

むくみが起きたらリンパの滞りのサイン

わたしたちの身体には全身にリンパ管が走っていて、そのなかをリンパ液が流れています。リンパ液は、血管から漏れ出した水分を**間質液**《かんしつえき》から回収して、血管内に戻します。また、身体中の老廃物や毒素を運ぶ働きもしています。

リンパ液は筋肉が伸縮することによって流れますから、筋肉がしなやかに動くことが大切。身体のゆがみによって、関節の周辺などの筋肉が硬くなり、動きが悪くなったら、リンパ液の流れは滞りやすくなります。それを知らせるのがむくみです。**身体のどこかにむくみが起きたら、それはリンパ液の流れが滞っているというサイン。リンパ液の流れが滞ると、新陳代謝が悪くなります。その結果、太りやすくなるのです。**太ると、当然、疲れやすくなりますし、前かがみになって歩くことが多くなります。それは上半身を硬く重くすることにつながり、下半身に負荷をかけ背を縮ませることになるのです。

V

神経と身長の関係

椎関節を整えて自律神経を調整する

身体中の情報伝達の役割を担うのが神経です。なかでも**本書で注目するのは自律神経。これは、脳からの指令を受けずに働く神経で、交感神経と副交感神経からなっています。**

心拍数を増やしたり、血圧を上げたり、発汗作用を促すのが交感神経。それとは逆に、心拍数を減らす、血圧を下げる、発汗を抑えるなどの働きをするのが副交感神経です。

大切なのは交感神経と副交感神経がバランスよく働くこと。ストレッチで血流をよくする、しっかり休養をとり生活にメリハリをつける、ゆっくりお風呂に入るなど、自律神経を整える努力をしてください。その一方で背骨にも注目しましょう。背骨の椎骨、椎関節の周辺には自律神経が通っています。**椎骨がズレたり、椎関節が詰まっていたのでは、自律神経にも悪影響が出るのは当然**といえます。ズレや詰まりをなおす「椎関節ストレッチ」は、有効な自律神経の調整法でもあるのです。

Ⅵ

ホルモンと身長の関係

ホルモンの分泌を調整して背の伸びを加速させる

ホルモンは体内でつくられる化学物質で、100種類以上あるといわれています。脳下垂体や甲状腺、睾丸などの多くの器官・臓器から必要に応じて必要な量が分泌され、血液などの体液によって必要な部位に運ばれます。また近年では**筋肉からもホルモンが分泌される**ことがわかってきています。分泌量は多すぎても少なすぎても、身体に何らかの異常が起きやすくなります。**骨盤などがゆがんでいると、ホルモンの働きにも影響があらわれ、体温調節がうまく行われなかったり、血流が悪くなったり**します。すると、身体がいっそう縮こまることにもなり、身長が低くなる方向に加速されます。

また、背の伸びに関わる成長ホルモンは睡眠とのかかわりが深く、**成長期にはとくによく眠ることが大切**です。成長ホルモンには、肌のターンオーバー促進や脂肪の分解、免疫力を高める作用もあるので、**大人も十分に睡眠をとることが重要**です。

第5章

背が高くなる食事法・習慣

食

骨細胞が増加する食べものとは？

骨の成分は70%がカルシウムです

成人の場合、1年で約20%の骨が新しく入れ替わります。つまり、**5年で体中の骨が入れ替わる**のです。この代謝が低下すると、骨がもろくなります。

骨の成分は70%がカルシウムです。そして、身体のカルシウムのうち99%は骨に集中しています。カルシウムをたくさん含んでいる食品は、骨ごと食べられる**小魚**や**カキ**、**乳製品**のほか、**春菊**、**小松菜**などの緑色の野菜です。

なお、**カルシウムは、ビタミンDと一緒に吸収**されますから、ビタミンDが豊富な**天日干しの食品**と合わせて食べるようにすると効果的です。

微量ミネラルの亜鉛も骨のために摂取したい成分です。亜鉛をたくさん含んでいる食品の代表格は**カキ**。**含有量は100グラムあたり40ミリグラムとダントツ**です。そのほ

か、**小魚、海藻、抹茶、玉露、ココア、胡麻、松の実、カシューナッツ、アーモンド、玄米、大豆製品、麩、そば、シイタケ、卵黄、乳製品、レバー**なども亜鉛が豊富です。

ストレスもカルシウムを減らす原因となります。**アジ、イワシ、サバ、サンマ**などの青魚に多く含まれている**ドコサヘキサエン酸（DHA）**には、ストレスを和らげる精神安定作用があることが知られています。また、**神経の興奮を鎮める働きがある**のが**シソ**の葉です。無農薬の新鮮なシソの葉を2～3枚、細かくちぎって熱湯を注いだシソ茶はストレス解消効果が期待できます。

骨をはじめわたしたちの身体をつくっているのは、毎日の食べものです。そこにひと工夫加えて、背が高くなる「基」である骨をグンと元気にしましょう！

NG

いますぐ見直したい背を縮ませる悪習慣

パソコン仕事、スマホいじり、居眠り…で背が縮む

長時間パソコンを扱っている人は背が縮みがちなので要注意です。

骨格をゆがませない**ポイントはキーボードと身体の距離、ディスプレイの高さ、イスの高さ**です。キーボードが手元から離れすぎていると、扱うときに身体を前に傾けることになってしまいます。できるだけ**身体の近くにセット**しましょう。

ディスプレイは、中央が目線の高さになるように、ディスプレイの下に何か置くなどして高さの調整をしてください。また、**イスの高さもひざ下の長さに合わせて調整**しましょう。足底が床につくかどうかが重要だからです。脚がブラブラして床につかなかったりイスが低すぎて脚が斜めになっていては、正しく上半身を支えることができません。

長時間座りっぱなしでいるのもNG。坐骨や股関節にかかる負担が大きく、ゆがみや

ねじれの原因になります。**パソコンの前に1・5時間くらい座り続けたら、インターバルをとって立ち上がり、リラックスするように**しましょう。

また、**通勤時間のスマホいじりや居眠りも、首が下がり、身体が前かがみ**になるので要注意です。背骨にも大きなダメージを与えます。電車に乗っている時間はけっして短くはありません。しかも、毎日繰り返されます。**ダメージが積み重なったら、首の骨、背骨のゆがみや関節の詰まりは、どんどん深刻なものに**なっていきます。

車内で座っているときは、足底全体をしっかり床につけ背筋をのばす。**立っているときは、かかとに重心をのせて**ひざが「く」の字に曲がらないように意識し、身体を縦に伸ばしましょう。目線をやや上に向けていると、伸びやすくなります。

背が高くなる睡眠法

「よく寝ると背は伸びる」は本当です

寝る子は育つという言葉があるように、**睡眠は身長の伸びに大きくかかわっています。**

第4章で説明した成長ホルモンのほか、**ビタミンEの約2倍の抗酸化力を持ち、睡眠ホルモンともいわれる「メラトニン」も睡眠中に分泌**されます。周囲が暗いほどよく分泌されますから、寝るときは照明を10ルクス以下に落としましょう。メラトニンの分泌には、神経伝達物質であるセロトニンが関係しています。**セロトニンが増えるとメラトニンも分泌**されるのです。**セロトニンを増やすには、昼間に太陽の光を浴びるのが効果的**です。**30分太陽光を浴びるのは、1錠の睡眠薬に匹敵する**という言葉もあるほどです。

自律神経が正常に働くことは、背を高くする条件の1つ。よく眠れるのは、自律神経が昼（交感神経）と夜（副交感神経）でうまく切り替わっている証拠。**眠っているあい**

だに関節もゆるみ筋肉もほぐれますし、**寝返りによって筋肉のゆがみも解消**されます。

睡眠は体温とも関係しています。入眠のベストタイミングは体温が下がっているとき。ストレッチや入浴で身体の芯から温まると、体温が下がりやすくなります。

また**冷え症になると、背中を丸めがちになり、手先・足先を縮めるクセがつき、背も縮んで**できます。冷え症は、自律神経のリズムを正しく保つホルモンが不足し、血流が悪くなることが原因。**体温は36・5度前後がベスト**。起床時に脇とお腹を触って「冷たい!」と感じたら、冷えている証拠です。自覚がなくても肩こりや頭痛がある人は冷え症気味です。おすすめは足底のストレッチ。心臓から一番遠い末端の血行を促し、数分で足が温かくなります。

新習慣

この姿勢・この習慣が背を高くする！

背中・肩・うでに力をいれない。首と指をよく回す

姿勢づくりで大事なポイントは、**肩や背中、うでに力を入れず、足底やひざ裏の筋肉をしっかり意識**すること。**骨盤を立てる**こと。恥骨から上に伸びている腹直筋を伸ばせば、肋骨をはじめ上半身の骨が持ち上がり、胸高のきれいな姿勢をキープできます。

やる気を出して頑張ろうとすると、どうしても肩や背中、うでに力が入ってしまいます。それが筋肉を硬くし、血流を悪くします。首こり、肩こり、うでこりの原因です。その結果、頭が下がり、椎関節が詰まってしまうことになるのです。

手や足の指の関節も、背を高くするうえで重要です。指は案外、動かしていないもの。「キーボードをよく打つけど……」と思われるかもしれませんが、頭や目を酷使した長時間のキーボード打ちで指を動かすのは、握る方向にだけ。むしろ、手の甲やうでや肩、

首にまで力が入り、こりやすくなりますよね。身体の骨格はすべて関節でつながっていますから、**指の関節が硬いと、その影響ですべての関節が硬くなってしまう**のです。

指の関節をゆるめて動きをよくすることは、すべての関節を整えることにつながっています。そこで気づいたときに、指を回しましょう。指を1本ずつ片方の手でつかんで回してもいいし、指を反らすのもいいでしょう。**身体の末端からゆるめていく。その効果は驚くほど**です。

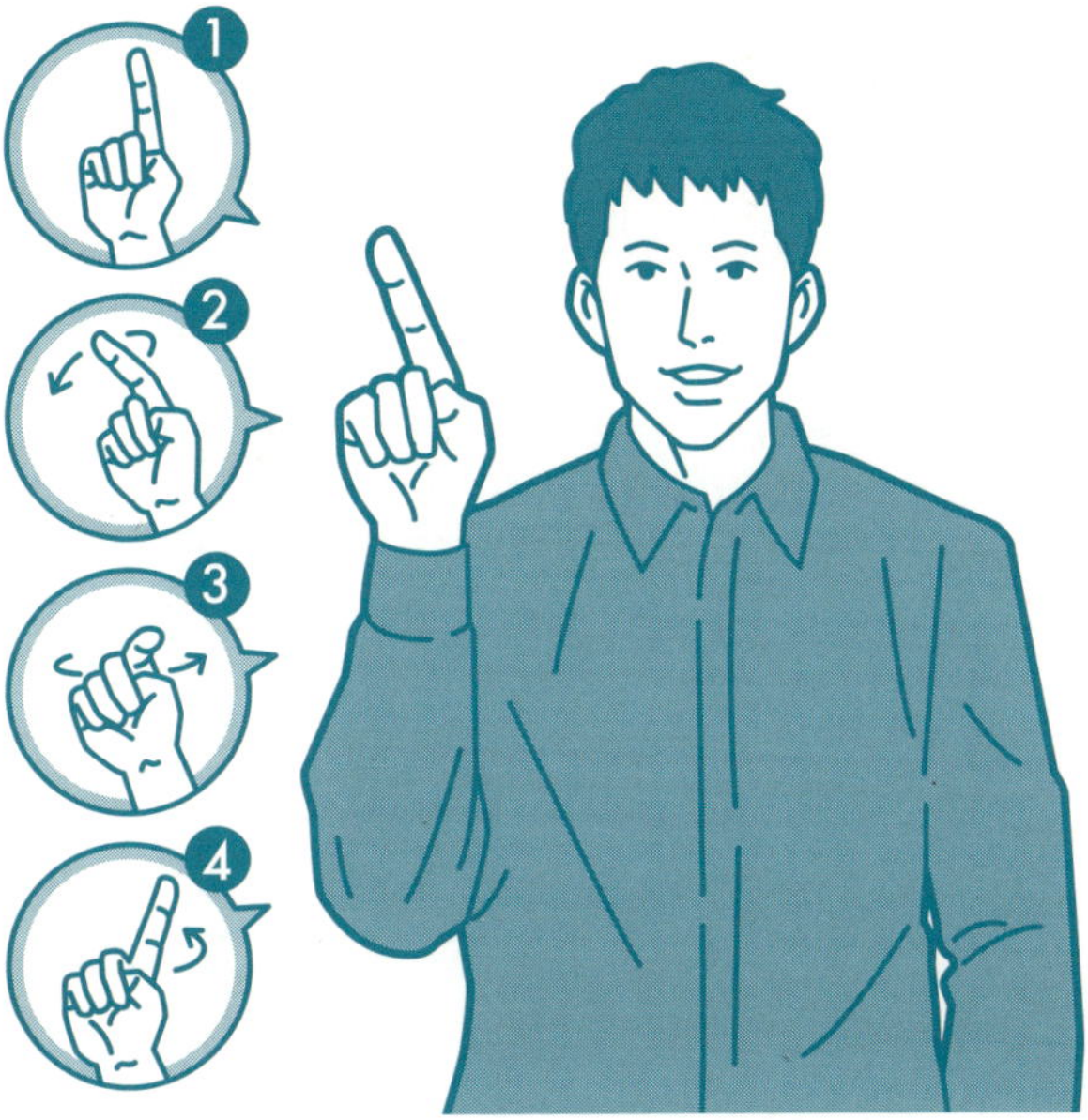

また、**首を前に倒す姿勢もNG**。首まわりが硬くなり椎関節が詰まってしまいます。気づいたときに首を水平に回しましょう。首を左右に回して後ろが見えるようになったら、首や肩のまわりの筋肉がほぐれて、肩こりや首こりが少なくなり、頭や首が上に伸びやすくなります。

体験談 1

猫背が直り身長180㎝に！仕事の効率も営業成績もあがりました！

青野孝之さん（仮名・37歳／会社員）

私の身長はもともと高いほうなのですが、姿勢が悪いのがとても気になっていました。またお腹も出てきて、年齢のせいかとあきらめ気味でした。そんなとき南先生の背骨矯正のストレッチを知ったのです。

先生に教わった椎関節ストレッチを実践するうちに1カ月で猫背が劇的に改善しました。そのぶん身長も1・5㎝伸びました。また、うれしかったのは、十数年悩んできた脚のむくみがとれたことです。

肩も脚も軽くなったことでフットワークが軽くなりました。まわりからも「なんだか颯爽として見える」と言われ、自分に自信が持てるようになりました。そして、なによりも実感するのは、自分が若返ったということです。

背骨を整えるとこんなにも世界が変わるなんて、本当に驚きです。

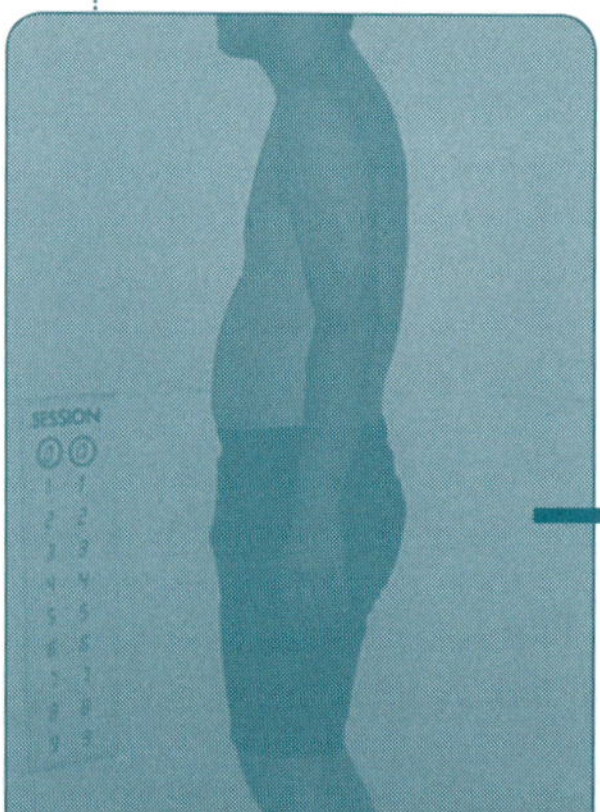

before

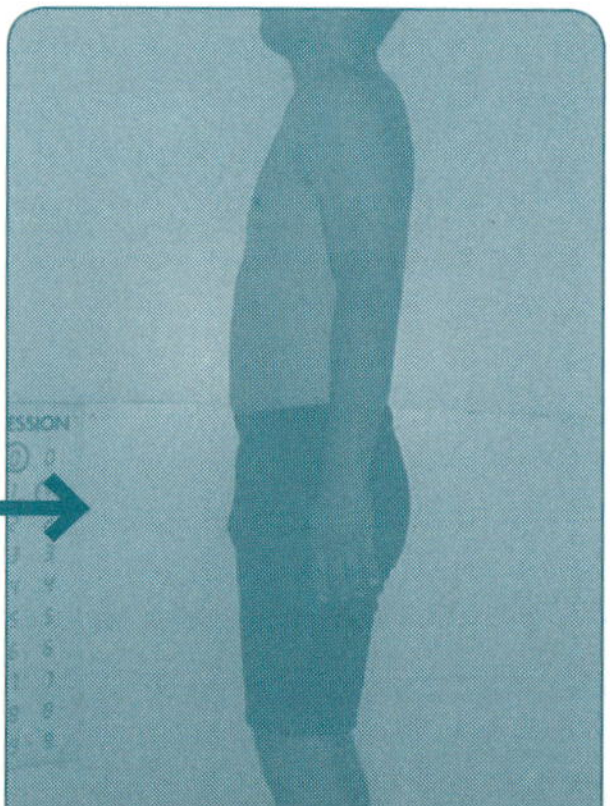

after

体験談
②

肩こり対策で始めたのに、気づいたら身長が3・2㎝伸びてました！

益田修弘さん（仮名・33歳／会社員）

肩こりがひどくて疲れがとれず、すっきりしない毎日が続いていました。そんなとき心配してくれた友人が南先生の本を紹介してくれたのです。

本を読み進めるうちに興味がわきました。ストレッチはどれも簡単でこれなら続けられると思い実践することに。

肩こりがよくなるまでは、それほど時間はかかりませんでした。うれしいことに趣味のゴルフも肩が回るようになってスコアがよくなりました。

またストレッチをはじめて１カ月後に会社の健康診断があったのですが、驚いたのは身長が伸びていたこと。３・２㎝も伸びていました。電車のなかや会社での居眠りも減り仕事がはかどるのに疲れません。不思議なことだらけですが、ストレッチはもはやクセのように習慣化しています。

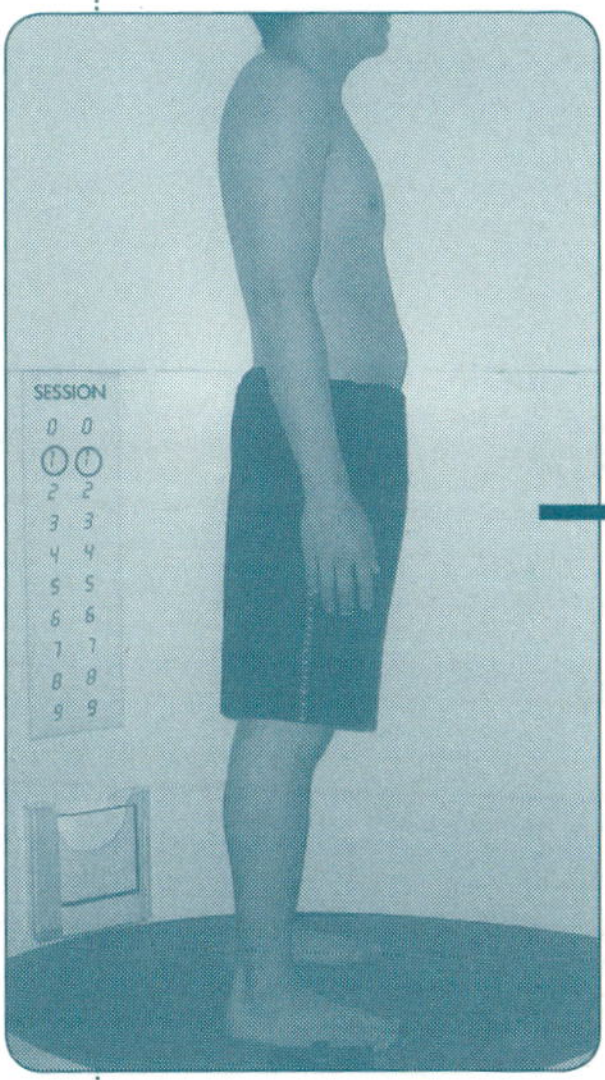

before

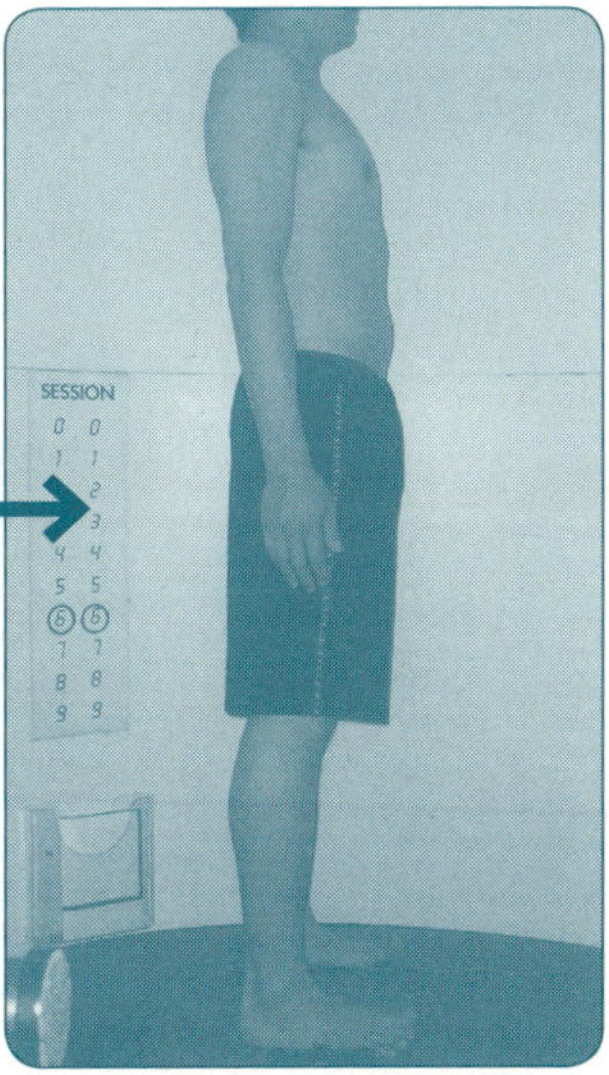

after

体験談 ③

体重8kg減、ウエスト6・3cm減、身長は2・8cmアップ！ 教えてくれた妻に感謝。

林 利和さん（仮名・46歳／会社経営）

ジムに通って健康管理には気をつけていたのですが、検診でも体重が73kgから少しも減りません。1年前と体重が変わらないことを妻に相談したら、南先生の教室をすすめられました。妻が通っていてとてもいいと言うのです。

教室へは週に一度通いました。指導されたのは椎関節ストレッチなど3種類。これらを続けたところ、なんと変わらなかった体重が、1カ月で2・8kgも落ちたのです。ズボンがゆるくなり、健診を受けるころには、体重は8kg、ウエストは6・3cmも減りました。しかも、身長が2・8センチも伸びました。この歳で身長が伸びるなんて驚きです。変化はこればかりではありません。体調がすごくいいのです。仕事から帰って、妻を手伝う余裕も出てきました。

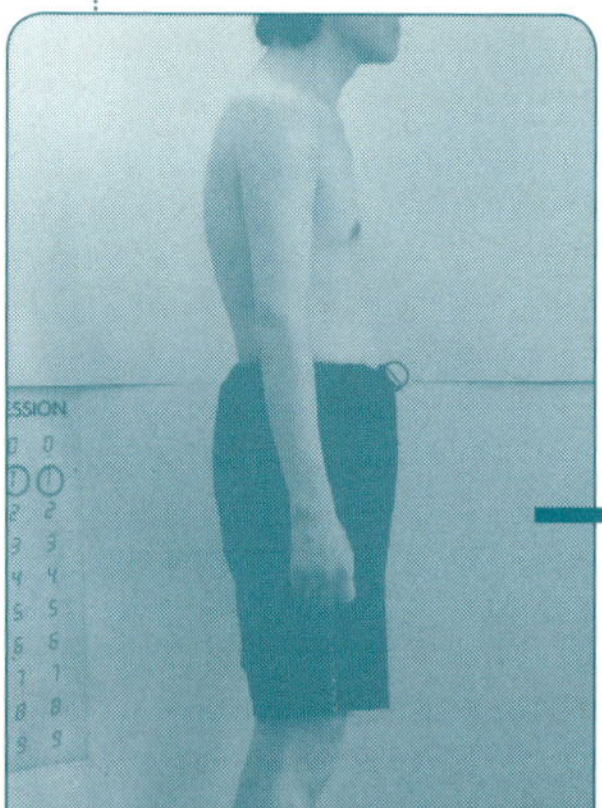

before

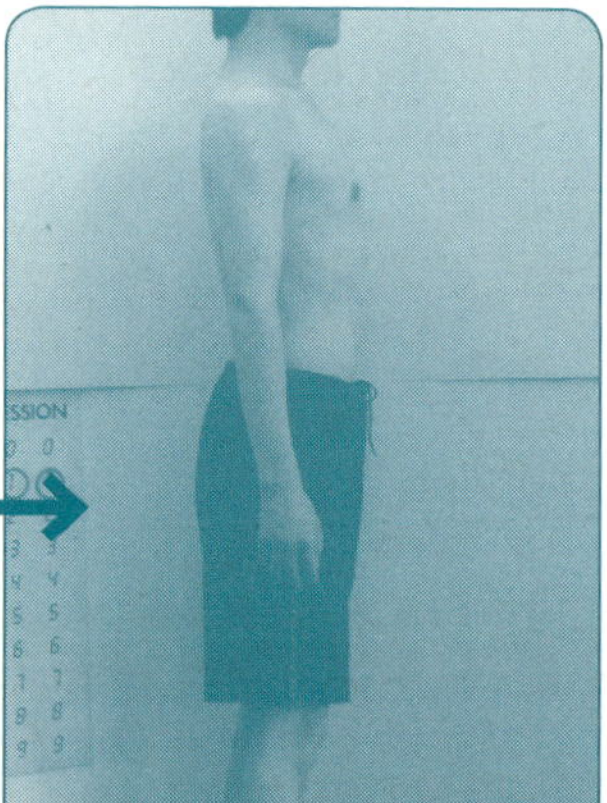

after

体験談 ④

ウエストがくびれて身長が3・3㎝アップ。ファッションが楽しめるのが嬉しいです。

井本美由紀さん（仮名・54歳／会社員）

仕事をしながら子育てに明け暮れた日々、ふと気づくと、猫背になってお腹ぽっこりに。

そこで先生から足首や股関節、骨盤、椎関節などを「回す」ストレッチを中心に指導していただきました。１つのストレッチは１分もかかりませんから、時間のあるときを見つけてはクルクルできるのも気に入りました。

すると最初にウエストがくびれ始めました。次に変化があらわれたのはヒップです。さらに二の腕や太ももに〝細さ〟があらわれたときにはびっくり。

背骨が伸びると身長も高くなるのですね。３・３㎝も伸びました！　嬉しかったのは、サイズを気にして諦めていた洋服が着られるようになったこと。美しくなるのに歳は関係ないと感じながら、今喜びの日々を過ごしています。

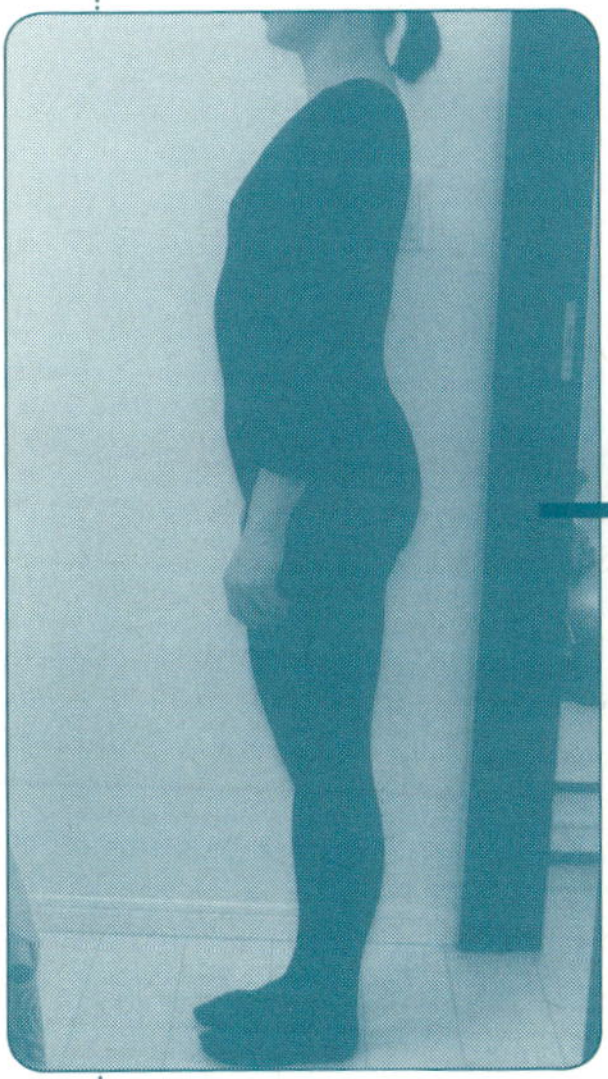

before

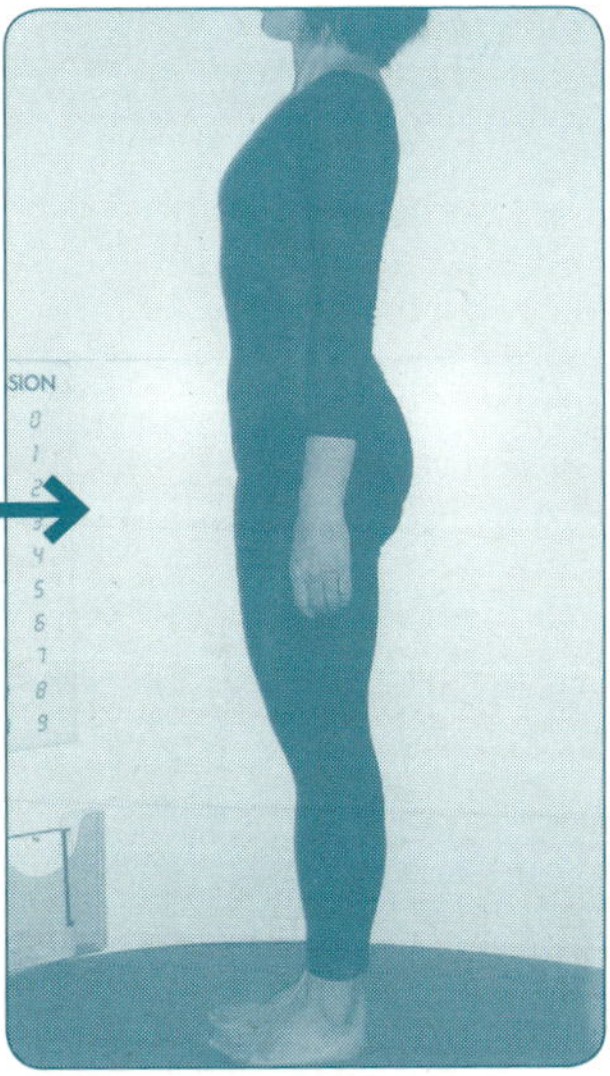

after

体験談
⑤

何をしてもやせなかったのに11号から9号へ。地獄のような身体のむくみもなくなった！

藤本真由美さん（仮名・36歳／会社員）

毎日遅くまでのデスクワークで慢性の肩こり・首こり、腰痛持ち。むくみも半端ではなく、地獄のような苦しみでした。マッサージにも通いましたが効果なく、根本的に改善する方法を探して出会ったのが南先生の本です。

紹介されているストレッチを続けていると、だんだんとむくみがとれてきました。風邪も引きにくくなって、ダイエット効果もあらわれ、11号から9号の服が着られるように。そこでもっとボディを整えたいと教室を訪ねたのです。

南先生の教室に通ううちに首が上に伸び、アンダーバストやウエストも細くなり、横に張り出ていたふくらはぎも内側を向くようになりました。周囲からは「少し身長が伸びたんじゃない？」と言われ、これも嬉しい変化です。

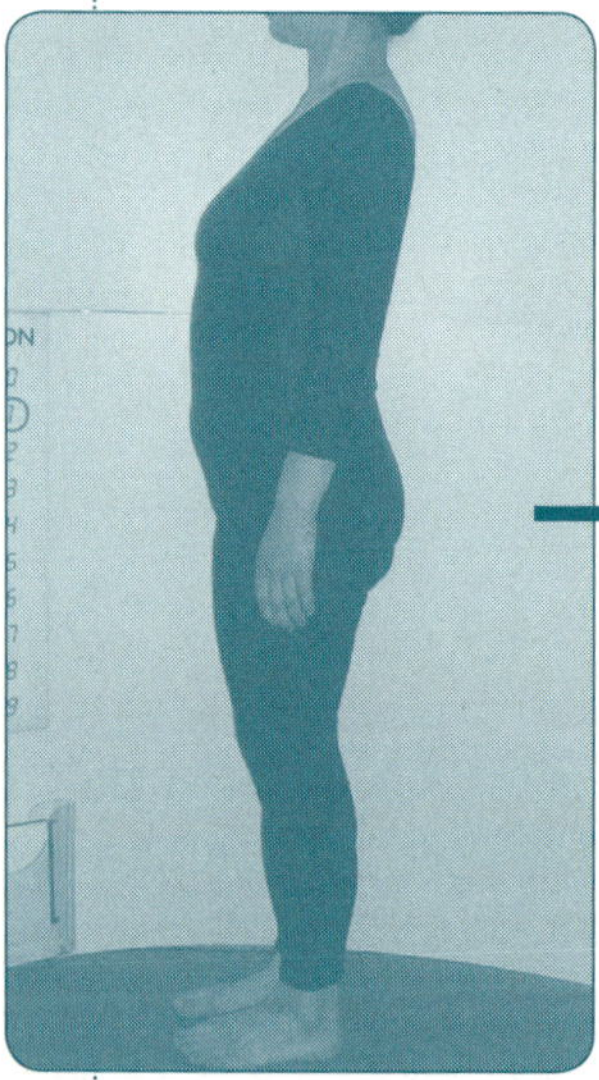
before

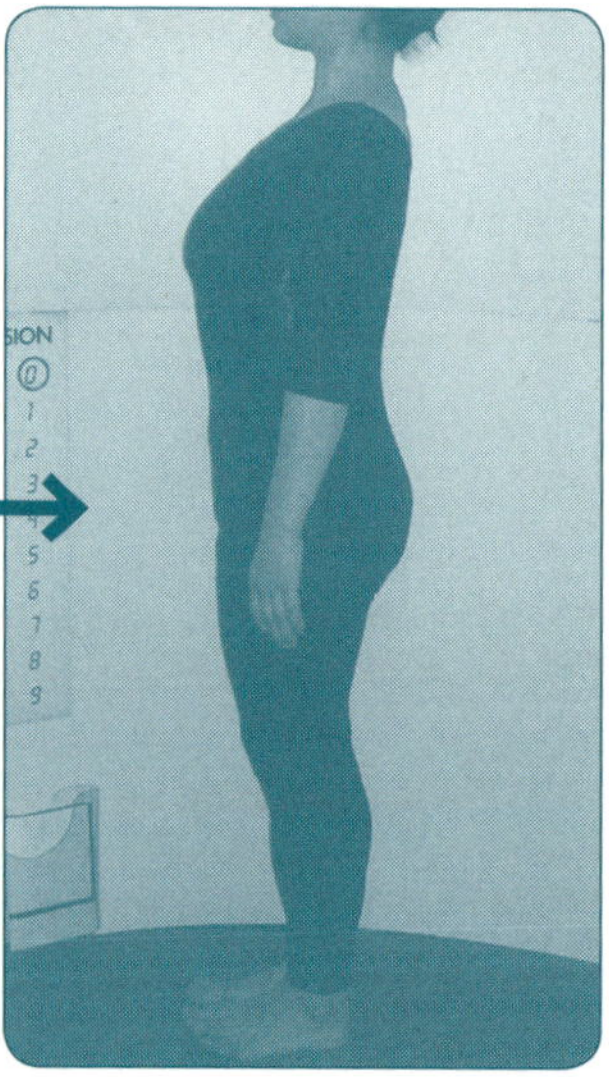
after

あとがき

わたしが整体エステ「ガイア」をオープンしたころは、体型を気にする男性は極めて少数でした。近年、男性の体型に関する美意識は確実に変化してきています。かつては、お腹まわりに肉がたっぷりついていても「恰幅のいい体」と表現されていましたが、今では身体がたるんだリーダーには部下はついてこないといわれています。ビジネスシーンで活躍する人は自分自身の身体に気を配り、疲れをみせない人です。このような男性の意識の変化は大変喜ばしいことです。「ガイアメソッド」では、健康と美容はイコールの関係であると考えているからです。

背が高くなりバランスのよい体に近づくと、姿勢が整って素早く無駄のない身のこなしが可能になります。自然に自信も出てきます。堂々とした姿は「頼りがいのあるできる男」につながることでしょう。ストレッチのコツは、明るく笑顔でリズミカルに行うこと。身長を伸ばす筋肉は、明るい考え方の脳の支配に影響されるからです。

最後に、長年「ガイアメソッド」を実行してくださった多くのお客様や書籍を発表させていただく機会をくださった多くの皆様に心より感謝申し上げます。

南　雅子

著者紹介

南 雅子（みなみ まさこ）

1949年北海道生まれ。カイロプラクティック・整体師。美容家。整体エステ「ガイア」主宰。現在、オリジナルに開発した「姿勢矯正」や「ストレッチ」など健康で機能的な身体づくりのための施術・指導を行っている。12万人以上を変えた実績と3カ月で完璧に身体を仕上げるプログラムは各業界からつねに高い評価を得ている。整体エステ協会を設立し、エクササイズスクールを開講。プロ育成なども手掛ける。著書に『股関節1分ダイエット』『小顔のしくみ アゴを引けば顔は小さくなる！』（小社）など多数。

整体エステGAIA
http://www.gaia-body.com/

図解《ずかい》 たった1分《ぷん》！
背《せ》が高《たか》くなる椎関節《ついかんせつ》ストレッチ

2016年1月5日　第1刷

著　　者　南《みなみ》　雅子《まさこ》

発行者　小澤源太郎

責任編集　株式会社 プライム涌光

電話　編集部　03(3203)2850

発行所　株式会社 青春出版社

東京都新宿区若松町12番1号〒162-0056
振替番号　00190-7-98602
電話　営業部　03(3207)1916

印　刷　大日本印刷　製　本　大口製本

万一、落丁、乱丁がありました節は、お取りかえします。
ISBN978-4-413-11157-7 C0077